KB161257

늙어감에 대하여

철학자의 돌 1

늙어감에 대하여
── 저항과 체념 사이에서

장 아메리 지음
김희상 옮김

2014년 11월 10일 초판 1쇄 발행
2024년 9월 5일 초판 9쇄 발행

펴낸이 한철희 | 펴낸곳 돌베개 | 등록 1979년 8월 25일 제406-2003-000018호
주소 (10881) 경기도 파주시 회동길 77-20 (문발동)
전화 (031) 955-5020 | 팩스 (031) 955-5050
홈페이지 www.dolbegae.co.kr | 전자우편 book@dolbegae.co.kr
블로그 blog.naver.com/imdol79 | 트위터 @Dolbegae79 | 페이스북 /dolbegae

책임편집 김진구
표지디자인 민진기 | 본문디자인 김동신·이은정
마케팅 심찬식·고운성 | 제작·관리 윤국중·이수민
인쇄·제본 한영문화사

ISBN 978-89-7199-637-9 (04100)
ISBN 978-89-7199-636-2 (세트)

이 도서의 국립중앙도서관 출판시도서목록(CIP)은 e-CIP 홈페이지
(http://www.nl.go.kr/ecip)에서 이용하실 수 있습니다.(CIP제어번호: CIP2014030108)

책값은 뒤표지에 있습니다.

늙어감에 대하여

저항과 체념 사이에서

장 아메리 지음
김희상 옮김

돌베
개

일러두기

1   원서의 이탤릭체는 고딕체로 바꾸어 표시하였다.
2   본문의 소제목과 도판은 원서에는 없고, 한국어판에만 있는 것임을 밝혀둔다.
3   9쪽의 주를 제외한 나머지 주는 모두 옮긴이가 글의 이해를 돕기 위해 실은 것
    이다. 9쪽의 주마저도 저자가 문헌을 인용한 것에 불과하였지만, 옮긴이가 이
    를 다시 부연했다.

나는 암벽과 나무들이 병풍처럼 드리워진,
호수가 내려다보이는 곳에서 화가처럼 살았다.
그 틈 사이로 보이는 호수의 정경을 그리려
붓을 들었다. 그러나 이미 밤이 찾아와
그릴 수 없었으며, 체념한 사이 낮은 다시 밝아왔다!

프루스트Proust, 『되찾은 시간』Le Temps retrouvé

저항과 체념의 모순을 탐색하는 여정

다름이 아니라 문제를 곰곰이 따지며 생각해보려는 성향 덕에, 또 아마 좋은 연습이 될 수 있으리라는 믿음으로, 인간이 나이를 먹는다는 게 무얼 뜻하는지 이 글에서 밝혀보려 한다. '시도', 여기서 이 말은 실험이라는 의미를 가지지 않는다. 오히려 분석적 태도로는 애초부터 그런 게 찾아질 수 없음이 분명한 어떤 것을 얻어내고자 하는 모색이자 탐색이다. 이 주제를 두고 벌이는 내 성찰은 이른바 노인의학과는 전혀 상관없다. 내가 다루고자 하는 물음은 나이를 먹어가는 인간이 시간을, 자신의 몸을, 사회를, 문명을, 그리고 궁극적으로 죽음을 어떤 눈으로 바라보는가 하는 점이다. 실증과학이 제공하는 충실한 정보, 곧 특정한 상태의 인생에 도움이 될 정보를 기대한 사람이라면, 그러니까 이 책에서 늙어감에 맞춤한 실질적인 지식을 기대한 사람이라면 이 책을 읽고 실망을 금치 못하리라. 나는 그런 정보나 지식을 제공할 수 있는 처지의 사람이 아니다.

　의식에 직접적으로 주어지는 것은 물론이고 인간 일반이라는 보편적 문제에 지성이 등을 돌리는 시대에, 그리고 오로지 체계와 기호만을 연구 대상으로 삼는 시대에, 나는 '살아본 구체적 경험'le vécu만을 철두철미하게 고집했다. 나이를 먹어가는 인간이 휘말릴 수밖에 없는 상황을 근접하게나마 충실하게 그리려는 노력은 '성찰'이라는 방법으로만 감당할 수 있을 따름이다. 그리고 여기에 주의 깊은 관찰과 공감 능력이 덧붙여져야 한다. 그러나 과학이 요구하는 엄밀함, 심지어 철저하게 완벽한 논리를 기대하는 태도는 이 시도에서 포기될 수밖에 없다.

한편으로 이런 기록이 주관적일 수밖에 없다는 점은 처음부터 분명하다. 그러나 다른 한편으로 나는 모든 관점을 두루 살피며, 이미 굳어진 생각들을 끊임없이 되새기면서, 모순을 결코 두려워하지 않는 자세로 바로잡을 것은 바로잡아나가며, 되도록 주관적인 것 이상의 글을 써보려 노력했다. 그렇지만 물론 객관성이나 주관들이 합의를 이뤄낸 일종의 타협 같은 것은 의식적으로 피했다. 오로지 노인 문제의 성찰에 필요한 몇 가지 기본 사실을 밝히 드러낼 수 있었으면 하는 막연한 희망을 품었을 따름이다. 마치 내기라도 벌이는 심정이었다. 이 글이 의미 있는지 아니면 무의미한지, 가치 있는지 무가치한지 하는 판단은 전적으로 독자의 몫이다. 여기서 어떤 게 진리인지 최종 판단을 내리는 제3의 심판자를 불러올 수는 없는 노릇이다.

독자에게 감히 청하건대, 글을 써내려가는 동안 속내를 드러낸 진실을 나와 더불어 생각해주었으면 한다. 한걸음씩 차분하게, 어둠 속을 더듬어 헤쳐나가면서 나는 늙어가는 사람들이 언제나 바랐던 희망, 곧 위로해주었으면 하는 기대를 안타깝지만 깨뜨리지 않을 수 없었다. 속절없이 늙어가는 사람에게 그 쇠락을 두고 "귀족과 같은 우아한 체념"이라거나 "황혼의 지혜" 혹은 "말년의 만족"이라는 말 따위로 치장해 위로하는 것은 내가 보기에 굴욕적인 기만에 지나지 않는다. 이런 싸구려 위로에 저항해야 한다는 생각이 매줄 써내려갈 때마다 굴뚝같았지만 이마저도 포기했다. 그렇게 한다면 미리 그같이 의도했거나 계획하지 않았음에도, 이 시도는 그 품격에 있어 일종의 저항을 낳는 탐색이 되고 말 것이기 때문이다. 미리부터 피할 수 없다고, 치욕스럽지만 전적으로 받아들일 수밖에 없는 게 늙어감이라고 둘러대는 일은 모순일 뿐이다. 그저 이 글을 읽는 독자가 나와 더불어 모순을 헤쳐나가는 길을 동행해주기만 기다리려 한다.

비록 미리 짜 맞추어 주어진 과학적 표준을 포기하고 전적으로 나 자신에게만 의존해 불확실한 물음의 지평을 헤맬지라도, 여러 외적인 영향을 받지 않을 수 없다는 것은 당연한 일이다. 이런 영향의 실체는 글 곳곳에 심어놓은 인용문에서, 그 인용의 출처를 정확하게 밝히지 않았다 할지라도, 확인할 수 있으리라.

인용한 글 가운데 내가 많은 배움을 얻은 저자 세 명의 이름만 분명하게 밝혀놓았다. 이들의 이름이 아마도 충분히 알려져 있지 않을 거라는 짐작도 이런 명시明示에 한몫 거들었다. 소르본느 대학 교수 블라디미르 얀켈레비치, 독일인 의사이며 현상학자인 헤르베르트 플뤼게, 그리고 프랑스의 저술가 앙드레 고르가 그 면면이다.•

불안했던 시절의 자기 체험을 아무 거리낌 없이 드러낼 수 있는 저자는 없다. 있는 힘을 다해 절제하려 노력하면서도 지극히 개인적인 면모를 밝혀두는 이유는 그게 나 자신의 개인적 경험에 그치지 않고 역사의 일반적 교훈으로 자리 잡았으면 하는 희망에서다. 그래도 이런 개인적 면모를 밝히는 두려움은 더욱 크기만 하다. 책은 저마다 그 운명을 가질 뿐만 아니라, 또한 누군가의 운명을 정해줄 수도 있다.

브뤼셀, 1968년 여름
장 아메리

● 블라디미르 얀켈레비치Vladimir Jankélévitch(1903~1985)는 프랑스 철학자이며 음악학자로 『죽음』La Mort(1967)이라는 책을 썼다. 헤르베르트 플뤼게Herbert Plügge는 『행복과 불행』Wohlbefinden und Mißbefinden(1962), 『인간과 몸』Der Mensch und sein Leib(1967)이라는 책을 현상학의 관점에서 쓴 의사다. 앙드레 고르André Gorz(1923~2007)는 오스트리아 출신으로 프랑스에서 활동한 철학자다. 사르트르가 1945년에 창간한 잡지 『현대』Les Temps Modernes에 1960년부터 편집에 참여했다. "늙어감"Le vieillissement이라는 제목의 글을 『현대』 제187~188호에 걸쳐 게재했다.

늙어감, 그 지속의 현상

이제 꼬리를 보이며 사라져가는 10년, 그러니까 이 '시도'를 써내고 보낸 10년 이후, 나는 늙어감이라는 게 무엇인지 많은 걸 배울 수 있었다. 이 책의 출간 이후 정말 고령의 어느 신사가 엄혹하게 비판했던 것을 떠올리면 슬그머니 미소가 배어나온다. 그는 대략 이렇게 훈계했다. "고작 쉰다섯 살의 이 '젊은' 인간 J. A.가 늙어감이, 나이를 먹는다는 일이 뭔지 대체 알기는 하겠어? 그런데도 무슨 이야기를 늘어놓겠다는 거야?"

나는 텍스트를 다시 읽으면서 유쾌한 노인의 이 말이 심히 유감스럽지만 틀렸다고 하지 않을 수 없다. 오히려 내가 옳았다, 아, 이런! 나는 내가 무슨 이야기를 하는지 알고 썼다. 지난 10년 동안 경험한 것으로 미루어보아, 당시 말했던 것을 강조했으면 강조했지 축소하고픈 생각은 조금도 없다. 모든 게 내가 예견했던 것보다 더욱 나빠졌을 따름이다. 몸의 늙어감, 문화적 늙어감, 음울한 표정의 사내가 다가오는 게 매일 더욱더 부담스럽게 느껴지는 일 등등. 그 음울한 사내는 내 곁을 스쳐 지나가며 마치 저 라이문트의 발렌틴*처럼 기괴할 정도로 음산하게 나를 부르곤 했다. "친구, 어서 오게……."

예나 지금이나 나는 늙어가는 사람, 노인이 감당해야만 하는 비참한 운명의 짐을 덜어주기 위해 사회가 모든 노력을 기울여야 한다고 믿는다. 그리고 동시에 나는 이런 방향으로 이뤄지는 모든 고결하고 귀중한 노력이 아마도 약간의 아픔을 덜어주기는 하겠지만, 말하자면 무해한 진통제와 같다는 의견을 여전히 고집하고 싶다. 다시 말해서 그런 노력은 늙어감이라는 비극적 불행에 있어서 어떤 근본적인 것도 바꾸거나 개선할 수 없다.

단 한 곳에서만 수정을 가했다. 바로 내가 "자유죽음이라는 바보 같은 이야기"라는 열악한 표현을 쓴 대목이다. 새로운 통찰과 경험은 나로 하여금 이것과 다른 방향으로 나아가도록 했다. 이로써 내 성찰의 폭은 확장되었다. 당시에는 전혀 예상하지 못한 확장이다. 그래서 나는 또한 내 책『자유죽음』을 쓰는 일에 더욱 신중을 기해야겠다고 느끼기도 했다.『자유죽음』은 어떤 의미에서는 지금 이 글의 속편으로 여겨질 수도 있다.

브뤼셀, 1977년 봄
장 아메리

● 페르디난트 라이문트Ferdinand Raimund(1790~1836)는 오스트리아의 극작가다. 시구를 대사로 주고받는 연극에 음악을 접목해 예술적 차원을 높인 인물로 평가받는 작가다. 발렌틴은 라이문트의 작품 가운데 등장하는 주인공 이름이다.

차례

살아 있음과
덧없이 흐르는 시간

속절없이 흘러버린 세월

'늙어가는 인간', 나이를 먹어가는 여인 혹은 나이를 먹어가는 남자를 우리는 이 책에서 자주 만나게 되리라. 그녀 혹은 그는 우리에게 다양한 모습, 여러 가지 복장을 하고 나타난다. 이 책에서 우리는 늙어가는 인간을 문학작품으로, 우리에게 익숙한 모습으로 알아본다. 때로는 상상력을 솎아낸 순전한 추상적 형태로, 또 때로는 그 글의 지은이가 그려내는 윤곽으로 나타난다. 그의 인품과 마찬가지로 그가 살아온 세월의 햇수 역시 불분명하다. 그가 쓰는 말투와 처한 현실도 마찬가지가 아닐까.

우리는 이제 막 마흔 줄을 넘어서는 그런 늙어가는 사람을 볼 수도 있다. 우리가 여기서 묘사하고자 시도하는 노화 과정이 사정에 따라서는 일찍 시작될 수도 있기 때문이다. 다른 사례에서는 예순을 넘긴, 따라서 애매한 객관적 통계로 보자면 늙은이 취급을 받지만 나이에 맞지 않게 젊어 보이네 하는 소리를 듣는 사람도 나온다. 살아 있음과 덧없이 흐르는 시간을 다루는 지금, 이 늙어가는 인간은 갓 쉰 살을 넘겼을 수도 있다. 그는 아마도 일찌감치 죽음을 맞음으로써 이미 이 시절에 자신이 늙어간다는 것을 감지하지 않았을까. 바로 그래서 자신의 노화를 사실로 인정하고 감수하리라. ―우리가 만나는 그는 오랜 세월 끝에 다시금 사회적으로 쓸쓸한 새벽에 익숙해졌으리라. 이미 오래전에 허영이라는 이름의 시장, 한때 그가 코미디언으로 활약한 시장에서 물러났기 때문이다. 프록코트를 반듯하게 갖춰 입은 그는 허리를 꼿꼿이 펴고 좋은 자세를 자랑한다. 비록 가슴과 배는 그다지 자연스럽지는 않지만, 그렇다고 기괴하다고 볼 수도 없을 정도로 부풀어 오르기는 했다. 목덜미까지 기른 짙은 검은색 머리와 수염은 아직 염색하지 않았다. 그러나 높은 옷깃 위의 창백한 얼굴은 밀랍으로 빚은 마스크처럼 굳어 있으며, 동양풍의 이국적인 우울한 눈에는 광채가 사라져 있다. 그저 짙푸른 다크서클에 묻혀 세상을 찬찬히 응시할 따름이다.

우리는 이 늙어가는 사람을 A라는 약어로 부르기로 하자. 우리가 지금 성찰하고자 하는 운명을 공유하는 동료 모두가 이 약어에 포함된다. A, 이것은 생각해낼 수 있는 가장 수학적이고, 최고로 추상적인 기호다. 동시에 독자에게 상상력의 지극히 넓은 자유공간과 더불어 구체화의 능력을 부여해주는 기호이기도 하다. 이렇게 [전제]할 때에만 우리의 첫 번째 A는 세상이 그에게 붙인 이름으로도 불릴 수 있다. 아니 '내레이터'는, 예외적으로 좀 더 정확히 하자면, 기묘하게도 그의 고향 루아르에셰르 주에서 "프뤼"Pruh라고 불리지만, 우리는 그의 시민 이름인 프루스트로 알고 있는 인물이다. ─마르셀 프루스트.•

모자를 손에 든 A, 곧 마르셀 프루스트는 자신을 초대해준 주인의 집에 들어서면서, 오랜 세월 동안 보지 못했음에도 가문의 하인들이 자기를 알아보는 것을 경험한다.• 사람들은 저기 아버지 프루스트가 온다고 말한다. 그러나 자신은 아들이 없기 때문에 그는 "아버지"가 오로지 나이와 관련한 표현임을 안다. 하인들이 그를 더 잘 알았더라면, 이제 갓 쉰 살 문턱에 이른 이 남자가 자세가 꼿꼿하고 머리카락에 새치가 없음에도 어째 나이보다 훨씬 더 늙어 보인다고 말했으리라. 움직임이 없는 누렇고 창백한 얼굴을 보며 '벌써 사후경직이 시작된 건 아닐까' 하는 인상을 받을 정도였기 때문이다.

　— 내레이터는 다시 사람들을 보았다. 쓱 훑는 눈길에 속는 게 아니라면, 자신보다 지내는 형편이 훨씬 더 나빠 보이는 사람들이었다. 그는 이들의 얼굴을 물끄러미 바라보았다. 솜 같이 생긴 수염을 기르고 마치 구두에 납으로 만든 굽이라도 단 것처럼 걸음을 질질 끄는, 이 동화 속 왕자처럼 보이는 사람은 누구일까? 게르망트 가문의 왕자, 그는 '무엇'인가에 의해 오랫동안 시달리며 상처를 입었다. 이 무엇을 두고 우리는 앞으로 한동안 많은 걸 이야기하게 되리라. 그리고 그 흰 수염이 아마추어 무대 위의 배우가 분장한 소품이라기보다 걸인의 수염처럼 보이는 저 노인은 누구인가? 다르장쿠르 씨, 그는 의심의 여지없이 내레이터의 옛 개인적 적수였다! 이 샤를루 남작은 당시만 하더라도 절정을 구가하며 탁월함을 뽐냈으나, 지금은 잘나가던 시절 눈길 한번 주지 않던 사람들 앞에서 모자를 벗어 굽실거리며 머리를 조아리는 비극적인 살롱 리어 왕▲이 되어버렸다. "통나무"라는 별명으로 불리던 죽마고우의 진짜 이름은 자크 드 로지에로, 보기만 해도 두려움을 자아내는 단안경을 썼다. 단안경은 그의 늙은 얼굴에 그 어떤 표현이라도 붙여주려는 노력을 무색하게 만든다. 방문객 A는 눈꺼풀이 닫힌 채 굳어져 이제 곧 세상과 작별할 사람들과 마주친다.

» 살아 있음과 덧없이 흐르는 시간 «

● '내레이터'는 프루스트(1871~1922)의 소설 『잃어버린 시간을 찾아서』À la recherche du temps perdu의 화자를 말한다.
◆ 이 단락에서 언급되는 모든 설정과 인물들은 프루스트의 『잃어버린 시간을 찾아서』에 바탕을 두고 있다.
▲ 살롱에서 입방아를 찧는 사람들의 입에 오르내리게 된 초라한 리어 왕이라는 뜻이다.

이들의 끊임없이 중얼거리는 입술은 죽음에 자신을 떠맡긴 사람의 기도를 읊조리고 있는 것처럼 보인다. 이미 몸이 굳어질 대로 굳어져 이집트 신의 석상처럼 보이는 사람도 있다. 내레이터는 멀리서 보면 변한 게 거의 없는 것 같은 사람도 발견한다. 그래도 가까이 나가가 말을 걸려고 하면, 겉으로는 말짱한 것 같은 피부 아래에 점점이 찍힌 검버섯과 시퍼런 혈관이 눈에 띈다. 백발이나 굽은 등 혹은 휘어버린 다리로 나이가 숨김없이 드러나는 노인을 보는 것보다, 그것은 더 반감이 격하게 들고 씻어내기 힘든 깊은 충격을 준다. 손님은 대개 면면을 다시 알아보았다. 오래전 언젠가 초대받아 즐기던 만찬 자리에서 만나 이야기를 나눴던 이들이었다. 손님은 수분 부족으로 말라비틀어진 그들의 모습을 찬찬히 뜯어보고 나서야 비로소 옛 용모를 떠올릴 수 있었다. 그러나 말을 걸어주는 사람의 얼굴, 음성, 몸매를 보고도 누군지 몰라 난처한 경우도 없지 않았다. 어떤 뚱뚱한 여인이 "봉주르" 하며 인사를 한다. A는 그녀를 뚫어져라 바라보며 묻는 듯한 표정을 짓고, 자신의 물음에 용서를 구했다. 그녀는 콩브레 출신의 소년이 샹젤리제에서 사랑했던 길베르다.

—그러나 프루스트의 내레이터가 게르망트 왕자의 영접 자리에서 다시 만난 이 사람들에게 도대체 무슨 일이 일어났던 걸까? '대개'가 그런 게 아니다. '모두'가 변했다. 세월은 속절없이 흘러버렸다.

시간, 그 무어라 말할 수 없는 허무

시간은 흐르며, 스쳐 지나가고, 흩날려 사라진다. 그리고 우리
는 시간과 더불어 사라진다, —내가 무슨 말을 하는 걸까?— 강
한 바람에 날아가는 연기처럼. 우리는 도대체 시간이라는 게
뭔지 자문한다. 돌아오는 답은, 모든 게 시간과 더불어 훅 불려
날아가듯 사라져버린다는 것이다. 그래도 어처구니없는 실소
를 자아내게 만드는 고집스러운 순진함으로 그 물음을 끝까지
물고 늘어진다. 그러면 논리라는 유희에 익숙한 두뇌는 그처럼
진부하게 던진 물음은 그저 가짜 물음에 지나지 않는다고 가르
치려든다.

　—시간이 뭔지 알아보려는 그저 몇 번의 시도만으로도 완
전한 혼란에 빠지기에 충분하다. 이는 매우 명석하며 오늘날
벌써 상당히 연로했으며, 새 모양의 머리를 한 영국인이 해준
말이다.• 그리고 그는 제논•의 후계를 자처하며 우리에게 흥을
돋우는 역설을 제시했다. 과거가 존재하는가? 아니다! 과거는
이미 사라져버린 것일 뿐이다. 미래가 존재하는가? 아니다! 미
래는 아직 오지 않은 것이다. 그럼 현재는 있는가? 그거야 확실
하다. 하지만 이 현재라는 것 역시 그 어떤 시점도 가지지 못하
는 게 아닐까? 그렇다. 그럼 이 시간 일반이라는 건 없어야 마
땅하다. 맞다. 시간은 없다. 사람들은 앞다투어 러셀의 이 역설

• 　영국의 철학자로 20세기를 대표하는 지성인 버트런드 러셀Bertrand
　　Russell(1872~1970)을 가리킨다.
◆ 　Zenon(기원전 495~기원전 430). 고대 그리스의 수학자이자 철학자. 참다
　　운 존재는 유일하고 운동하지 않는다는 스승 파르메니데스 Parmenides(기
　　원전 515~?)의 가르침을 옹호하기 위해 유한과 무한이 충돌을 일으키는
　　역설을 제시했다. 그 가운데 가장 유명한 것이 아킬레스와 거북이의 경
　　주다. 공간은 무한하게 분할되기 때문에, 거북이에 뒤쳐져 출발한 아킬
　　레스는 거북이를 절대 따라잡을 수 없다는 게 그 내용이다.

"우리는 도대체 시간이라는 게 뭔지 자문한다.
돌아오는 답은, 모든 게 시간과 더불어 훅 불려 날아가듯
사라져버린다는 것이다."

렘브란트, 〈예루살렘의 파괴로 슬퍼하는 예레미아〉, 1630년, 레익스 미술관, 암스테르담.

을 풀려고 했다. 시간을 눌러싼 이런 문제는 얼마든지 답할 수 있는 것이라며 날카롭고 잘 훈련받은 두뇌들이 이 물음을 풀려 시도했다. 그러나 이들이 찾아낸 답은 우리와 거의 아무런 상관이 없다.

우리가 여기서 말하는 시간은 물리적 시간이 아니다. 이 둘은 전혀 사정이 다르다. 이 글에서 말하는 시간은 언제나 우리 시간, '살아낸 시간'temps vécu일 따름이다. 이런 시간을 성찰하면서 우리는 두 개의 위험지대 사이를 지나간다. 둘 다 똑같이 목숨을 위협할 정도로 치명적이다. 한쪽에서 우리는 공허한 말장난과 천박한 캐물음의 위협을 받는다. 다른 한편에서는 뭔가 배운 것 같은 울림을 주기는 하지만, 알아야 할 최소한의 가치도 제시하지 못하는 이른바 전문 철학자의 인공 언어에 휘둘린다. 그럼에도 우리는 이 두 위험지대를 돌파하려 시도해야만 한다. 시간은, 살아낸 시간 혹은 (그렇게 표현하길 원한다면) 주관적인 시간은 우리 모두의 가장 절박한 문제이기 때문이다. 문제? 이런 단어는 잉크 냄새가 코를 찌르는 신문에서나 나오는 게 아니던가! 시간은 우리의 숙적인 동시에 가장 친한 친구다. 우리가 저마다 각자 전적으로 홀로 소유하는 게 시간이다. 그리고 시간은 우리 손에 쥐어지는 게 결코 아니다. 우리의 고통이자 희망인 게 시간이다. 시간 이야기를 하기란 어려운 일이다.

마법의 산•에서는 이런 소리가 들려온다. "시간을, 시간 그 자체를, 온전히 따로 떼어낸 시간을 이야기할 수 있는가?" 정말이지 우리는 시간을 이야기할 수 없다. 그런 일은 어리석

• '마법의 산'Montagne Magique은 프루스트의 소설에서 '다가오지 않을 미래'를 상징하는 표현이다.

은 바보나 시도할 법한 짓이다. 사라져버리는 이야기? 시간은 흘러간다. 물처럼 줄기차게 흘러 되잡을 수 없이 사라진다. ─ 건강한 감각을 가진 사람이라면 누구도 이런 시간을 두고 말하는 걸 이야기라 부를 수 없다. ─ 마법사가 생각했듯, 그런 건 이야기가 아닐 뿐만 아니라, 지극한 찰나를 휙 스치듯 흘러가는 시간과는 아무런 상관없는 것이기도 하다. 흘러감, 물밀듯 몰려왔다가 순식간에 사라짐은 사실 시간과 아무 관계없는 이야기다. 흘러와서 사라지는 것은 공간에서나 일어나는 일이다. 우리는 공간 속에 있는 어떤 것만 눈으로 보거나, 최소한 공간에 있는 것처럼 꾸며 이야기할 수 있다. 시간을 이야기하려면 우리는 공간세계의 비유를 필요로 한다. 말하자면 '공간 형태의 메타포'라고 하면 학자처럼 으스댈 수 있으려나.

시간을 이야기로 들려주는 것은 안 되는 일이다. 시간은 이야기로 들려줄 수 없다. 지금 노력하는 것처럼 두 위험지대 사이의 공간에서 뭔가 말하려는 대신 침묵해야만 마땅하다. 비유를 통해 들려주는 이야기는 거기에 비유가 붙어 있다는 점을 끊임없이 의식할 때에만 쓸모가 있다. 그리고 아마도 다른 사람이 승복할 만한 묘사에 성공할 수만 있다면, 알아야 할 가치가 없는 생각일지라도 한번 밀어붙여 보자.

측량할 길 없는 시간의 상대성

A, 오랜 기간 늙어감과 살아 있음, 덧없이 흐르는 시간이라는 물음으로 고통스러워하던 A는 자신의 친구인 유명한 물리학자를 찾아갔다. 이 물리학자라면 그를 가두고 있는 답답함을 풀어볼 몇 가지 암시를 줄 수 있을 거라는 기대를 품고.

　이 과학의 남자는 의기양양해하며 거의 혼자서 떠들었다. 시간? 그건 물리학의 문제다. 뉴턴의 고전 물리학은 시간을 본래 시간으로 다루지 않았다. 다시 말해서 고전 물리학이 다루는 시간은 공간에서의 물체 운동만 취급하기 때문에 얼마든지 뒤집어 적용할 수도 있다. 이를테면 주어진 데이터를 가지고 달의 위치가 2500년에 어디가 될지 계산해볼 수 있으며, 거꾸로 1600년의 그것도 되짚어 알 수 있다. 그러다가 현대 물리학과 더불어 열역학의 시간이 등장했다. 이 시간은 엔트로피라는 개념과 맞물린, 돌이킬 수 없는 시간이다. 여기서 엔트로피란 분자가 우연하게 빚어내는 질서의 확률 정도를 나타내는 단위다. 우주의 일반적인 경향은 무질서가 커지는 쪽으로 나아간다. 이렇게 해서 무질서가 극단에 이른 경우를 두고 이른바 '열 죽음' 또는 '열사'heat death라고 한다. 대중이 알아듣기 쉽게 간단히 표현하자면, 열역학의 시간은 절대 거꾸로 흐르지 않는다. 시간은 오로지 모든 존재의 소멸을 향해 나아갈 뿐이다.

　물론 생물 시간도 이야기할 수 있음은 인정해야만 한다. 이 시간은 거꾸로, 구조를 만들어낼 뿐 구조를 해체하지는 않는 시간이다. 쉽게 말해서 소멸이 아니라 계속 생명을 빚어내는 게 '생물 시간'이다. 그러나 이 생물학적 시간은 물리학자와 아무 관련이 없다. 어쨌거나 생물적 시간을 말하는 진술이 수학과 물리학의 언어로 완전히 옮겨지지 않는 한, 그 진술은 물리학에서 무의미하다.

시간이라는 문제로 고심하는 A에게 이 모든 말은 조금도 '명확하지' 않았다. 그래도 어쨌거나 일견 반론을 허용하지 않는, 직관적으로 따라가볼 수 있는 그런 말이기에 A는 친구가 무슨 말을 하는지 어렴풋하게나마 알 것 같았다. 그러나 교수와 달리 A의 관심은 공간에서의 물체 운동에 있는 게 아니다. 하물며 '열 죽음'은 더더욱 아니다. 열 죽음은 신의 이름과 더불어 까마득하게 먼 미래의 문제일 뿐, 진화의 사실로부터 추론되는 시간과 아무 관련이 없다. A는 허망하게 사라져가는 세월을, 돌연 떠올라 시간을 비극적으로 채색하는 기억을, 죽음의 무게를 이야기할 따름이다.

그렇다, 죽음은 시간의 순전히 시간적인 것에서만 느낄 수 있다. 시간이 무엇인지 파악하고자 하는 조바심으로 그는 물리학이라는 실증 지식에 손사래를 쳤다. 전문가의 굳어버린 머리를 가지지 않고 보편정신을 문화적으로 탐색·추구하면서 철학을 탐독해온, 그래서 게르망트 가문에서 마주친 다른 사람들을 익히 아는 A는 이렇게 말했다. "나는 안다. '경험한 시간'durée vécue을, 베르그송을, 민코프스키를,˙ 비합리주의를, 현상학의 사유 유희를 안다. 나는 이 모든 것을 그림처럼 선명하게 떠올릴 수 있다. 그러나 당신에게 묻건대, 이 모든 게 다 무엇인가? 내가 공식으로 파악하는 시간과 공간? 정의를 내릴 수 있고 공식으로 포장할 수 있는 시간과 공간? 이게 다 무엇인가?" 실제 그에게 공식으로 정의된 시간과 공간이라는 게 뭘까? A는 이런 생각을 하며 낙심한 채 돌아섰다. 날카롭게 따지기보다 더듬는 자세로, 아직 설익은 어렴풋한 생각으로 진지한 과학자에게 과감히 질문을 던졌던 A는 덜어낼 수 없는 무거운 마음으로 돌아섰다.

이후 오랜 시간이 흘러 A는 물리학자 친구를 다시 만났다. 때마침 지치고 낙담한 모습의 친구는 예의 그 의기양양한 설명을 되풀이할 기분이 아니었다. 도대체 시간이 어떻게 흘러버린 거야, 하고 과학자는 중얼거렸다. 우리가 서로 알고 지낸 지 얼마나 되었지? 20년? 어이쿠, 소중하기 이를 데 없는 시간이여, 20년 전만 하더라도 청운의 뜻을 품었건만. 하지 않고 남은 게 없도록 어떻게든 안간힘을 썼거늘. 지금이라도 시간이 허락만 해준다면 무엇이든 기꺼이 하련만. 그러나 이미 너무 많은 시간이 속절없이 흘러버렸고, 남은 시간은 거의 없구나. 오, 기적과도 같은 시간이여, 오, 허망한 시간의 흐름이여! —물리학자는 이런 말을 입 밖에도 꺼내지 못했다. A는 거의 기계적으로 생각에 잠기며 친구와 작별했다. 위로받지 못한, 아니 위로를 받을 여유조차 없어 망연한 심정으로. 다시금, 이미 자주 그래왔듯, 저 쾨니히스베르크 출신의 덩치 작은 남자◆의 말이 들려왔다. 청소년 시절부터 들어와 익히 알고 있는 말이다. 이 말이 들려올 때마다 A는 자기 자신을, 시간을 둘러싼 성찰을 늘 새

• 앙리 베르그송Henri Bergson(1859~1941)은 프랑스의 이른바 생철학자다. 독일 후설의 현상학과 더불어 직관과 비약의 중요함을 강조했다. 외젠 민코프스키Eugène Minkowski(1885~1972)는 러시아 태생의 유대인으로 정신과 전문의이다. 앙리 베르그송의 철학과 현상학에 영향을 받아 철학과 임상의학을 연결하고자 했다.

◆ 이마누엘 칸트Immanuel Kant(1724~1804)를 가리킨다.

롭게 발견하는 기분을 맛보곤 한다. 이 작달막한 신사의 말은 현대 논리학과 변증법 역시 기꺼운 마음으로 아주 빠른 대결을 펼치려 의욕을 보이는 대상이다.

근대 이후 철학자들이 시공간의 유대라는 조화를 구성하려 기울여온 갖은 노력을 비웃기라도 하듯, 시간과 공간은 서로 낯설기만 하다. 시간은 내적 감각이라는 형식을 취한다. 그러니까 시간은 우리 자아와 우리가 처한 상태를 직관하는 형식이다. 분명한 이야기가 아닌가? 공간에서 A는 언제라도 거닐며 자신이 품은 의도를 실현해낼 수 있다. 이런 외적 감각으로서의 공간은 감각 가운데서도 가장 감각적인 것이다. 공간에서 벌어지는 일은 이야기할 수 있다. 그러나 '내면의 감각'으로 일어나는 일은 말해줄 게 거의 없다. 과감하게 내면의 감각으로 치고 들어가 자기 자신을, 주변의 일들을 감지하고자 안간힘을 쓰는 사람은 그 용기의 보상을 맛보지 못할 뿐만 아니라, 정신적으로 황폐해지는 허무함의 위협을 받기도 한다. 공간 안의 현실은 그게 무엇이든, 말이 막힐 때면 말을 대신하는 행동으로 얼마든지 보여줄 수 있다. 푸르다는 것은 어떤 것인가? 이것은 말로 어떻게 속 시원히 풀어주기 힘든 물음이다. 그러나 푸른색이 무엇인지 질문을 받은 A는 서류철 표지를 가리키며 이렇게 말한다. 여기 이게 푸른색이오. 그러나 시간에 대해 품는 감정을 어떻게 다른 사람에게 전달해줄 수 있을까? 이 문제에는 누구나 수긍할 수 있게 손가락으로 가리킬 대상이 없다. 상대방이 스스로 같은 시간의 문제에 부딪쳐, 그 감정을 이야기해줄 때까지 기다리는 수밖에 없다.

바로 물리학자에게서 그런 일이 일어났다. 그는 자신이 직접 느낀 참담함으로, 과학이나 전공철학이 무시해버린 진부한 단어로 시간을 이야기했다. 말하자면 바람막이가 잘된 산장에서 밤을 지새우며 나누는 장광설이랄까. 이제 물리학자도 자신이 젊지 않음을 깨달았기 때문이다.

우리가 나이를 먹어가며 체감하는 시간은 무어라 파악하기 힘든 것일 뿐만 아니라, 갖가지 모순으로 점철된 것이기도 하다. 정밀하게 이해하려는 지성의 노력을 뼈아플 정도로 비웃는 게 시간이다. 누군가는 시간으로부터 어떤 좋은 것을 기대한다. 그러나 만족스러운 기대의 시간, 곧 '훌륭한 시간'은 조바심만 키우게 만드는 적이 된다. 좋은 시절이 오기를 기다리는 사람은 어떻게든 시간을 빨리 보내지 못해 안달한다. '소일거리'를 찾아 기웃거리거나, 아예 '시간을 죽이려 한다'. 그리고 '악한 시간'에 시달리는 사람도 있다. 이 사람에게 악한 시간은 더불어 지낼 수 있는 유일한 친구다. 이를테면 사형을 선고받은 사람에게 시간은 어느 한순간도 떨칠 수 없이 소중하다. 처형을 다섯 시간 남겨두었다. 어느덧 두 시간으로 주는가 싶더니, 마침내 바깥에서 형리의 뚜벅거리는 발걸음 소리가 들린다. 그럼 매분, 매초가 소중하다. 가엾은 사형수는 가장 참혹한 순간을 이겨내야만 한다. 그런데 이 순간은 아름답다. ―또는 창창한 미래를 앞둔 젊은이를 떠올려보자. 그는 워낙 시간이 풍족한 나머지, 시간 이야기는 전혀 듣지 않으려 한다. 시간을 알 필요가 무엇 있냐며 손사래를 친다. 그는 건강한 몸을 자신하기 때문에, 이제 갓 20대이니 앞으로 50년은 족히 살 수 있으리라는 통계 따위에 코웃음을 친다. 50년? 규모가 쉽사리 가늠되지 않는 시간이다. 그는 20대의 자신감으로 거칠 게 없이 한동안 그렇게 살아가리라. 그러나 다음 날 아침 그는 자동차로 플라타너스 가로수를 들이받아 국도에 박살이 난 채 흩어졌다. 그렇다면 이 젊은이는 자신의 계획과 애매한 희망으로 잘못 산 게 된다. 돌연 허망한 끝장을 맞은 인생에게 그 끝, 이 경우 일찌감치 맞이한 끝은 그 시작의 헛헛한 진리이기 때문이다. 이 이른 결말은 지난 젊은 인생의 모든 국면을 흐릿하게 비출 따름이다.

그러나 우리가 기대와 얼추 맞아떨어지고 통계와도 어울리는 연령대에 도달했다 할지라도, 우리의 시간은 낯설기만 하다. 시계와 캘린더 낱장으로 나누고 정리하는 우리의 시간은, 말 그대로의 뜻에서 측량할 단위가 없는 무절제한 것이다. 그만큼 시간의 길이 혹은 시간의 양은 상대적이다. 서로 합의한 것처럼 보이는 물리적 시간과 비교해서만 상대적이라는 게 아니다. 물리적 시간은 어차피 우리에게 아무런 의미가 없다. 더 나아가 우리의 시간은 서로 충돌하기마저 한다. 그리고 시간이 보여주는 상대성은 그때마다 서로 다르기도 하다.

우리는 늙어가며 시간을 발견한다

A는 온몸으로 전쟁을 돌파했다. 제2차 세계대전의 최전선에서 폭탄이 터지는 가운데 부상을 입었다. 가족을 잃었으며 고향에

서 쫓겨나는 신세가 되고 말았다. 1939년에서 1945년에 이르는 세월은 그에게 혼탁하기 이를 데 없는 고난의 시간이었다. 전쟁이 발발하기 이전의 10년은 전쟁 이후 20년만큼이나 핏기를 잃은 창백한 모습으로 기억될 따름이다. 앙상해서 훅 불기만 해도 사라질 것처럼 가벼운 기억이다. 그에 비하면 본격적으로 전쟁을 치른 5년은 10년 또는 20년보다 훨씬 더 길고 더욱 묵직하게 짓누르는 시간이다. 그러나 눈치 채지 못한 사이 시간의 무게는 새롭게 분할되었다. 무성한 수풀로 뒤덮였던 과거 전체가 돌연 깨끗이 다져진 것처럼 보이며, 시간으로서 아무런 가치를 가지지 않는다. 그러다가 돌연 수풀에 덮여 있던 과거의 무게가 고스란히 드러나는 순간을 맞이하며 뒤통수를 얻어맞은 양 화들짝 놀란다. 전쟁 이후의 시절도 전쟁 때 못지않게 힘들었다. 이제 몇 주 동안의 여름날, 사랑의 모험을 맛보게 해준 여름날이 까마득하게 먼 산처럼 희미하게만 보인다. 사랑의 아픔은 벌써 반쯤 잊히고 말았구나.

우리는 어떻게 해도 시계나 캘린더의 시간과 이성적인 관계를 이룰 수 없다. 그러나 또한 자아를 온전히 이루어주는 우리의 시절이 언제인지 절대 답을 알지 못한다. 우리는 나날을 보내며 어떤 날은 지루했다고, 또 어떤 날은 순식간에 흘러버렸다고, 어쨌거나 그때마다 새로운 양 경솔한 말을 일삼곤 한다. 그러나 당시의 지루함과 숨 가쁨이 정말 그랬는지 솔직하게 되짚어보면 전혀 그렇지 않았음을 발견하곤 한다. 단조로움이라는 지루함을 참기 힘들었던 게 사실은 그리 오랫동안의 시간이 아니었다. 그것은 우리 기억 속에서 완전히 졸아들어 아무것도 아닌 것으로 자리 잡은, 놀라울 정도의 짧은 순간에 지나지 않는다. 에너지가 넘쳐흘러 농밀하게만 느껴지는 짧은 순간을 우리는 길고 위대했던 순간으로 기억한다.

그럼에도 시계는 늘 균일한 리듬으로 똑딱일 따름이다. 나는 오늘 일력日歷에서 한 장을 뜯어낸다. 어제도 그랬고, 내일도 하게 될 행동이다. '무엇'이 나를 그러지 못하게 돌연 막지만 않는다면. 그 '무엇'은 앞으로 이야기할 기회가 있으리라. 어쨌거나 시간의 행보는 늘 균일한 보폭을 보이지 않는다. 시간 안에서 시간과 더불어 이 걸음을 걷는 사람은 나 자신이다. 그러면서 나는 비록 용감하지는 않았다 하더라도 이 인생을 성실하게 행진해왔다고 자부하려 안간힘을 쓴다. 그러다가 목표도 모르고 숨 가쁘게 달려오기만 했다는 걸 깨닫고, 다른 순간에 낙심한 채 자포자기하고 뒹굴 뿐이다.

이렇게 해서 우리는 저 새 모양의 얼굴을 한 날카로운 지성의 영국인과는 전혀 다른 관점에서, 완전히 다른 경로를 통해, 마찬가지로 뼈아픈 역설을 확인할 뿐일까? 시간이란 존재하지 않는다? 말도 되지 않는 소리다! 시간은 언제나 우리 안에 있다. 공간이 우리를 둘러싸고 있듯. 우리는 시간을 우리 자신의 존재와 마찬가지로, 없는 것처럼 이야기할 수 없다. 물론 시간은 그 누구도 완전히 풀 수 없는 문제이기는 하다. 시간을 손아귀에 움켜쥐듯 잡아볼 수는 없을까?

우리는 그럴 수 있다. 우리는 늙어가며 시간을 발견한다. A처럼 게르망트의 대저택에서 작가의 환상에 몰입하지 않더라도, 시간을 '되찾은 시간'temps retrouvé으로 기억하며 천천히 음미하는 가운데 우리는 영원의 차원으로 올라선다.

시간의 무게와 죽음

도대체 어떻게 달려온 거지, 하고 A는 생각했다. 손을 들어 이마를 쓰다듬었다. 전쟁이 끝난 이후 종종걸음으로 어떻게 시간을 헤쳐왔을까. 지금은 피곤한 나머지 길 가장자리에 걸터앉아 좀 쉬고 싶다. 어제, 그때는 피와 죽음으로 얼룩졌다. 이제 위대한 미래가 나를 맞아주리라 믿었다. 당시 사람들은 강江의 좌안을 맹목적으로 내달리며 극도의 흥분 상태에서 미래를 맞으려 했다. 생제르맹데프레, 붉은 장미, 사르트르, 레지스탕스에서 혁명으로.• 그러나 시절은 [의도와] 다르게 흘렀으며, 거친 질주는 일정한 속도의 잰걸음으로 바뀌었다. 잰걸음이 질주보다도 더 지칠 줄이야. 나는 나의 바람과는 다르게 바뀐 세상에 나를 맞추었다. 그럼에도 세상은 내가 달라지기를 원했으며, 너무나도 불평등한 싸움을 치르게 하며 승리를 앗아갔다. 소시민으로 살 수 있다는 잘못된 유혹만 남발했다. 작은 아파트, 작은 자동차, 그저 이따금 이뤄지는 이체를 위한 은행계좌. 그래도 아파트와 자동차와 은행계좌를 피곤한 잰걸음으로 가지게 되었다. 하지만 다락방의 자유, 자신이 정작 관심을 가지는 문제는 전혀 손도 써볼 수 없게도 이 자유마저 사라졌다. 시간과 더

• 이 문장은 전후 프랑스에서 무르익던 좌파 혁명을 묘사한 것이다. 생제르맹데프레Saint-Germain-des-Prés는 공산주의자들이 집회를 하던 파리 지역의 이름이며, 붉은 장미는 공산주의를 비유하는 표현이다. 장폴 사르트르Jean-Paul Sartre(1905~1980)는 당시에 구심적 역할을 한 철학자로 실존주의를 대표하는 인물이다.

붙어, 시간 속에서.

그동안 어떻게 달려온 걸까, A는 지친 채 생각을 더듬었다. 이제는 무슨 일이 일어나든 숨 좀 돌리며 시간을 들여 생각해보리라. 가야 할 길은 갈수록 더 멀어져가는 것처럼 보이며, 그에 반해 다리는 계속 짧아지는 것만 같기 때문이다. 숨쉬기가 힘들며, 근육은 허약해지고, 머리는 멍하기만 하다. 그러나 멍한 머리로도 얼마든지 살아 있음과 헛되이 흐르는 시간을, 이마에 갈수록 선명하게 새겨지는 늙음을 깊이 생각해볼 수 있다. 오히려 드높은 날카로움을 자랑하는 정신보다 훨씬 더 잘 숙고해볼 수 있다. 깨인 정신은 질서를 읽어내려 하지만, 시간의 흔적을 쫓는 일은 무질서를 헤아려야만 하기 때문이다.

A는 무릇 인간이라면 그 야심적인 지성을 총동원해서 시간을 궁구해야만 한다고 생각했다. 그 연구의 결과가 나쁘다 할지라도 그 생각의 과정이 올바르기만 하다면 만족할 수 있다. 물론 여기서 '올바르다'는 게 '정당하다'는 것일 수는 없다. 다만 '솔직했다'는 의미에서 '올바름'을 뜻할 뿐이다. 이런 것을 두고 '직관적 깨달음'이라고 하는 걸까? 오, 무심한 하늘이여! 아니다, 그건 아니다! 나쁘지만 올바른 생각은 오로지 그 본연의 길을 보여줄 따름이다. 다른 모든 것은 문학이나 철학의 몫에 지나지 않는다. 아무짝에도 쓸모가 없는 문학과 철학의!

이성은 실증적 인식을 얻고자 할 때는 귀중하기 짝이 없으며, 유일한 자격을 갖는 생각의 도구다. 그러나 근본적인 모순이 그 어떤 정당성도 생각할 수 없게 만드는 곳에서는 이 단단하게 굳어진 이성이 불필요한 것으로 드러난다. 시간을 나중에 감지되는 일에 있어서, 우리는 인습석으로 당연하게 여겨온 논리적 사고의 규칙을 무시할 수밖에 없다. 시간을 무어라 표현해야 좋을지 그 어떤 규칙도 찾아볼 수 없기 때문이다. 시간은 공간과 달리 현실의 논리를 알지 못한다. 과거, 현재, 미래. 과거는 이미 지나가 내 뒤에 있는 것이며, 현재는 나에게 그리고 나와 더불어 있는 것이고, 미래는 내 앞에 있다. 이게 우리가 흔히 생각하고 말하는 시간이다. 그러나 이런 표현이 말이 되지 않는다는 점은 현재만 보아도 분명하게 드러난다. 이미 저 새머리 모양의 영국인과 더불어 확인했듯, 현재라고 하는 것은 그 어떤 시공간도 포함하지 않기 때문이다. 이게 시간을 성찰하는 길을 가려는 우리를 가로막는 첫 번째이자 지극히 평범한 장애물이다. 물론 인공의 개념으로 더 도움을 받을 수는 있다. 시간은 과거의 어떤 점을 출발점으로 삼아 종말까지 최단거리를 이어주는 직선이 결코 아니다. 오히려 시간은 이른바 '지향성의 장'•이다. 이 익숙한 표현은 현상학자로부터 들은 게 아니다. 또 현상학으로부터 들어야 할 필요도 없다. 이 언어 표현은 이 책에서 핵심이 되는 일상의 현실을 고스란히 반영하고 있기 때문이다.

　―그러니까 우리가 쓰는 언어는 이미 항상 시간의 특성을 고스란히 안다고 봐야 한다. 우리는 '현재'를 이야기하면서 결코 현재를 연장성이 없는 이상적인 점과 결합시키지 않는다. 현재를 말하는 사람은 무의식적으로 일련의 자료들을 가지고 어떤 시스템, 곧 '장'場이라고 하는 것을 구성한다. 아무래도 이 '장'이라는 표현이 더 나아 보인다. 나는 어떤 특정한 맥락

• Feld von Intentionalitäten. 독일 철학자 에드문트 후설Edmund Husserl(1859~1938)의 현상학의 근간을 이루는 개념이다. 후설은 인간의 의식이 항상 '무엇을 향한 의식'이라며, 지향적 구조를 가진다고 주장했다.

에서 '지금'을 이야기한다. 이 '지금'은 과거와 미래의 요소를 포함한다. 이야기를 하는 사람 혹은 행동하는 사람이 받아들이는 감각적 충동의 순간이 바로 '지금'일 수도 있다. 이를테면 담뱃불로 손가락을 지지는 순간, 또는 내가 마침 호숫가에서 보내는 넉 주의 휴가, 혹은 내 직업에 새로운 반전이 일어나는 중요한 한 해 같은 것들이 감각적으로 생생한 충동을 주는 '지금'이다. 나는 주간 혹은 연간의 한복판에 서서 '지금'이라고 말한다. 그러니까 내가 현재라고 부르는 것에는 미래와 과거를 포괄하는 시간 장이 성립한다. 그리고 이렇게 해서 시간이라는 것은, 세계 안에서 정신없이 바쁘게 살아가는 사람에게 전혀 개인적으로 문제되지 않는다. 그 어떤 결정적인 순간이 찾아오기까지는! 물론 이 순간을 맞아 우리는 "아, 슬프구나. 나의 세월은 다 어디로 사라졌는가!" 하며 안타까워한다. 사라졌음을, 다시는 되돌릴 수 없음을 자각한 다음에야 비로소 우리의 A는 길가에 주저앉아 시간이 무엇인지 묻는다.

그 답을 얻고자 하는 사람은 의아한 마음으로 더듬지 않을 수 없다. 돌연 시간은 선으로 해결되지 않기 때문이다. 남은 설명 방법은 장을 동원하는 것뿐이다. 과거는 저만치 있으며, 거기 그대로 머물러 있다. 그러나 현재와 미래는 그 시간 성격을 잃어버린다. 현재는 끊임없이 과거에 집어 삼켜지며, 미래 역시 이를 피할 수 없다. 그러나 이런 사실을 발견하고 파악하는 사람은 오로지 늙어가는 노인뿐이다. 노인은 자신에게 더는 많은 게 오지 않으리라는 것을 알고 있기 때문이다. 이성적으로 노인은, 다만 유보하는 심정으로 작별하는 친구에게 이렇게 말하기 시작한다. "세월이 지나거든 다시 만나세." 노인은 많은 시간을 가지고 있지 않다. 그 자신이 시간이다. 앞으로 다가올 세상을 노인은 이제 더는 믿지 않기 때문이다.

젊은이 역시 시간을 안다고 말하는 사람은, 그가 얼마나 생각 없이 미래의 차원에서만 살아가는지 여실히 보여줄 따름이다. 물론 그것 역시 시간이기는 하지만, 젊은이는 시간을 결코 다른 그 어떤 것도 아닌 시간으로 느끼지 않는다. 젊은이가 갈팡질팡하며 떠밀려 들어가는 미래는, 우리의 A가 붉은 장미와 실존주의 시대를 살았던 것처럼, 시간이 아니다. 그것은 세계 혹은 좀 더 정확히 말하자면 공간이다. 젊은이는 자신이 시간을 앞에 두고 있다고 말한다. 그러나 실제로 젊은이 앞에 놓여 있는 것은 그가 자신 안으로 받아들이는 세계일 따름이다. 그리고 동시에 젊은이는 출세하려 안간힘을 쓴다. 반면 노인은 대부분의 인생을 등 뒤에 두었다. 그러나 남은 생애마저 더는 실감나게 살 수 없다. 노인의 인생은 다름 아닌 모아놓은 시간, 살아진 시간, 이미 살아 생기를 잃어버린 시간이다.

우리 몸과 통계가 고스란히 보여주는 대로 시간을 얼마 남겨두지 않았다고 믿으면 믿을수록, 그만큼 더 많은 시간이 우리 안에 쌓여 있다. 게르망트 가문의 왕자와 다르장쿠르 씨는 외모는 거의 그대로여서 A가 그들을 알아보는 게 힘들지는 않았다. 그렇지만 그들은 늙었다. 그들 안에서 커다란 짐이 되어 짓누르는 시간 때문에 늙었다. 젊은이가 시간이라고 믿는 것은 장차 그에게 다가올 것, 삶을 살고 죽음을 맞이할 때 정당하게 주어질 것을 초조하게 기다리는 기대함으로 의식된다. 젊은

이에게 시간은 당연히 공간에서 움직이는 것, 어디선가 불쑥 나타나 젊은이의 인생으로, 그 자신에게로 들어오는 것이다. 젊은 사람을 두고 "그가 시간을 앞에 두고 있다"고 말하기보다 "그에게는 세상이 활짝 열려 있다"고 말하기를 즐겨하는 게 그 대표적인 특성이다. 노인 혹은 늙어가는 이는 그러나 미래를 매일같이 공간의 부정으로 경험하고, 이로써 실제로 일어나는 일의 부정으로 경험한다. 미래는 시간이 아니라, 세계이자 공간이라고 우리는 말하곤 한다. 이런 사정을 일상의 많은 시간에서 겪어보지 않은 사람이 있을까! 젊은이는 초조하게 어떤 사건이 일어나기를 기다린다. 뭔가 격렬한 흥분을 일으키는 일을 기다리는 게 젊은이로 하여금 이리저리 기웃거리게 만든다. 자리에서 일어난 젊은이는 불안하게 이리저리 맴돌며 집을 나가 사건을, 공간이자 세계의 사건을 단 한 조각이라도 차지하려 떠돈다. 그는 자동차나 기차를 타고 시간, 본래는 시공간을 따라다닌다. 그러나 아무것도 기대할 게 없거나, 고작해야 중요하지 않은 일만 예상할 수밖에 없는 사람은 과거로, 과거의 그 깊은 우물로 빠져들어 그 안에서 침묵한다. 스스로 무너져버린 것처럼 침상 위에서 태아의 자세를 취하며 눈을 감는다. 인생이었던 것, 세계였던 것, 공간이었던 것이 이제는 그저 시간일 뿐임을 깨닫고 헛된 자기 연민으로 안타까워하면서 시간의 흔적을 찾으려고 눈을 감는다.

늙었다는 것 혹은 늙어간다는 것을 감지한다는 말은 요컨대 몸, 그리고 우리가 영혼이라 부르는 것 안에서 시간의 무게를 느낀다는 뜻이다. 젊다는 것은 몸을 시간에로, 원래는 시간이 아닌 인생이자 세계이자 공간인 것에로 넌진다는 뜻이다.

A는 음울한 목소리로 말했다. 내가 강의 좌안을 달리며 세계를 향해 나를 던진 게 그리 오래전 일은 아니다. 고작 20년 남짓된 일이다. 나는 이 20년이라는 세월을 심장이 놀라 죽을 것만 같은 방식으로 짧게 느낀다. 거울에 비친 내 모습에 드러난 이마의 주름살이 문제인 것은 아니다. 그러나 주름을 통해, 그 주름과 더불어, 살아서 돌이킬 수 없는 지난 20년 세월의 전체 모습을 안타깝게 바라볼 뿐이다. 그러나 다시 20년 뒤에 나는 더는 존재하지 않으리라. 나는 이제 얼마 안 되는 세상을 앞에 두었다! 사람들이 '시간'이라고 부르는 것을 앞에 두었다고 믿는 사람은 실제로 자신이 언제 공간으로 나아갈지 결정할 줄 안다. 말하자면 자신을 외화外化(Er-äußern)한다고, 바깥으로 드러낸다고나 할까. 인생을 자신 안에, 그러니까 진정한 시간을 자신 안에 가진 사람은 기억함이라는 내화內化(Er-innern)의 기만적 마력을 이미 충분할 정도로 맛보았다. 그래서 늙어가는 사람은 자신 안에 쌓인 시간을 인생으로 기억Erinnern한다. 그에게 다가오는 것은 죽음이다. 죽음은 그를 공간에서 통째로 들어내리라. 그 자신과 그의 몸에서 남는 것을 탈공간화하면서, 그에게서 세상과 인생을 앗아가리라. 그에게서, 세계에 있는 그의 공간을 빼앗으리라. 바로 그래서 늙어가는 사람은 다만 시간일 뿐이다. 그러니까 노인은 전적으로 시간을 살아가는 존재자이자, 시간의 소유자이며, 시간을 인식하는 사람이다.

그러나 인생은 죽음을 향해 가는 존재가 아닐까? 시간은 죽음을 재깍거리며 알려주면서 그 순전한 시간성을 투명하게 보여준다. 그렇기 때문에 인간의 본격적인 차원은 시간으로서의 미래가 아닐까? 그렇기도 하고 아니기도 하다. 이 물음의 답으로 제시된 이런 긍정과 부정의 혼재에서 부정은 긍정보다 더 큰 비중을 차지한다. 죽음을 기다린다는 것, 그래서 시간 안에 존재한다는 것은 자신을 벗어나지 않겠다는 태도를 의미한다. 기다린다는 것은 항상 그 어떤 무엇을 기다리는 것이며, 그 무엇이 출현할 미래가 나의 기다리는 시간을 채워준다. 이를테면 청년은 자신이 사랑할 처녀를 기다린다. 간절히 보고 싶은 풍경을 기다리며, 자신의 것으로 자랑스레 선보일 작품을 기다린다. 그러나 기다림의 목표가 죽음이라면, 그래서 나이를 먹어가는 사람에게 이 죽음이 매일 더욱더 현실의 무게를 얻어 기다림의 다른 보상이 아무것도 아니게 되는 경우에는, 미래를 향한 시간이라는 말을 더는 할 수 없게 된다. 우리가 기다리는 죽음은 그 어떤 게 아니기 때문이다.

죽음은, 그 어떤 것이라는 모든 실체성에 대한 총체적 부정이다. 죽음을 기다린다는 것은 죽음에 다가가는 게 아니다. 죽음은 한마디로 무無이기 때문이다. 죽음은 시간 차원으로서의 미래를 우리에게 구해주지 못한다. 오히려 거꾸로다. 죽음의 총체적 부정성, 그 완벽하고도 돌이킬 수 없는 와해로 그 어떤 미래의 의미도 부정한다. 그렇다, 죽음은 완전하고도 돌이킬 수 없는 와해를 의미한다.(그저 무無일 뿐인 죽음의 의미를 말하는 데는 조건이 붙을 수밖에 없다는 점에 한해서다.) 죽음은 큰 낫을 치켜들고 다른 손에는 모래시계를 든 사신이 아니다. 그런 식으로 우리를 '데려가지' 않는다. 대체 어디로 데리고 간다는 말인가? 죽음은 나의 탈공간화라는 모순된 사건에서, 말 그대로의 의미로 '나의 파괴'다.

다시는 오지 않으리

포괄적인 의미에서 시간을 되돌릴 수 없는 것으로 경험하는 사람 역시 늙어가는 인간이다. 노인은 나이를 먹으면서 비로소 시간을 되돌릴 수 없음을 깨닫는다. 흔히 '인생의 가을'이라고 말한다. 참으로 사랑스러운 메타포다! 가을? 가을에는 겨울이 뒤따르며, 다시 겨울에는 봄이 그리고 여름이 따라온다. 그러나 노인이 맞이하는 인생의 가을은 마지막 가을이다. 그러니까 본래적 의미에서 가을이 아니다. 무자비한, 되돌릴 수 없는 시간이란 청년에게 아직 주어지지 않는다. 가을, 겨울, 봄, 여름 그리고 다시 가을. 젊은이 앞에는 이런 사계절의 변화가 무수히 놓여 있다. 올봄에 성사되지 않은 일이라면 다음 봄을, 또 다음의 봄을 기대할 수 있으리라. 어떤 식으로든 객관적으로는 쉽사리 헤아릴 수 있으나, 주관적으로는 무수한 것처럼 보이는 봄날이 청년에게 세계와 공간을 활짝 열어주리라.

　노인은 비로소 돌연 가을과 겨울을 끔찍할 정도로 정확히 헤아릴 수 있음을 깨닫는다. 늙어가는 사람은 지난 계절들을, 그의 자신 안으로 들어온 계절들을 아쉬워하며 시간의 흐름을 되돌릴 수 없는 것으로 이해한다. 너무도 참혹한 나머지 너무 많은 시간을 스치듯 지나왔다는 불평이 절로 나올 지경이다.

자신이 그저 시간에 지나지 않는다는 점을 깨달은 노인, 그래서 곧 공간으로부터 몰려나게 될 나이 먹어가는 사람에게는 많은 기만적 위로가 주어진다. 가장 크고 최고로 우롱을 일삼는 환상은 물론 종교이지만, 그 밖에도 기만적 위로는 많기만 하다. A, 곧 프루스트는 천식을 앓아 괴로웠던 시절 틈새란 틈새는 모두 막아버린 방 안에서 면 수건으로 코와 입을 틀어막은 채 침상에 누워 그동안 취재한 자료recherche•를 가지고 원고를 끼적이다가, 기억 속에서 보다 더 현실적인 현실을 빚어내는 동시에 기억과 더불어 일종의 시간 초월성, 이를테면 영원성을 차지할 수 있지 않을까 하는 생각을 했다. 정말 위대한 작품의 탄생이다. 그러나 이 위대한 작품은 고통의 세상에서 마지막으로 숨을 몰아쉬는 그에게 아무짝에도 쓸모가 없다.

다른 사람들이 공간을 들여다보았다. 그도 자신들과 별 다를 게 없다는 것을 확인이라도 하려는 듯. 집은 그대로 남으리라. 이 집에서 아이가 자라 다시 아이를 낳고 대를 이어 살아가며 활동하고 작품을 남기겠지. 잿빛의 육중한 묘비가 그 삶의 흔적을 증언하리라. 장롱 위에 그 책들이 뒹굴거나, 미술관 벽에는 그림이 걸리겠지. 또는 세월의 풍파를 맞아 집은 황폐해져 폐허로 변하고 자손들은 사방팔방으로 바람처럼 흩어지리라. 책과 그림은 사람들의 기억에서 이내 지워지고 말겠지. 파리의 공동묘지 '페르라셰즈'의 늘어선 영묘는 황폐하게 망가져 그 안에는 쥐들만 산다. 그 색 바랜 황금 명패에는 '영구 임

• '잃어버린 시간을 찾아서'A la recherche du temps perdu를 연상케 하는 표현이다.

대 묘지'concession à perpétuité라는 문구만이 남루하다. 마치 시민의 재산이 적어도 가짜 영원함을 공간에서 구현하기라도 한 것처럼. 집과 마당, 책, 그림, 묘비, 이 모든 것은 죽은 자가 살아 사랑을 누리거나 아픔에 신음하던 밤들과 마찬가지가 되리라. 그런 건 전혀 없었던 것처럼 허망하리라.

아마도 노년의 시간은 실패자에게서 가장 빠르게 흐르지 않을까. 모든 환상을 깨끗이 잃어버린 '낙오자'. 일반적으로는 실패, 더 낮게는 세상의 좌절이라 불려야 마땅할 것은 인간에게 마지막 물음을 던진다. 낙오자 A, 홀로 외로이 카페에 앉은 A는 자녀가 없으며, 사후의 명성이라는 신기루를 기대할 처지도 아닌 탓에 묘비를 세우지 않게 할 것이며, 유언장조차 쓰는 일이 없으리라. 오히려 자신의 시체를 해부학 연구소에 파는 게 최선이 아닐까 계산해본다. 그는 자신이 보다 더 근원적으로 시간의 다발임을 잘 알고 있으니까. 그깟 육신이 무슨 소용이랴.

그는 언제나 자신을 세계로 향해 던졌던 게 그 어떤 성과도 거두지 못한 탓에 조촐한 공간으로만 만족해왔다. 과거의 우물로 빠져들어 시간 속의 자신을 찾아보는 일에 어느덧 익숙해졌다. 커다란 자동차와 많은 방을 자랑하는 저택을 가진 이웃은 늘 요란법석을 떨다가 어느 날 가슴에 찌르는 것만 같은 통증을 느꼈다. 마치 푸주한의 쇠갈고리에 걸린 고깃덩어리처럼 아프다고 했다. 의사는 그의 아내에게 은근한 목소리로 심장마비라고 알려주었다. 그리고 그를 공간에서 들어냈다. 그가 시간을 생각해볼 시간을 찾으려 하기도 전에. 그러나 늙어가는 실패자는 자신이 어디에 도달했는지 안다. 비록 그게 미래의 어느 공간에서 유용한 깨달음은 아니라는 것도 알지만. 그래도 그는 시끄러운 이웃 남자보다 더 많은 걸 경험했다.

인간의 정확한 현실에, 진리가 아닌 민낯 그대로의 현실에 근접하는 사실은, 시간과 그 되돌릴 수 없음을 나이 먹어가면서야 비로소 완전히 실감한다는 점이다. 말년의 노인이 시간을 되돌렸으면 하고 간절하고도 무망하게 품는 소망이 그 증명이다. 이미 일어난 일은 없던 일로 되돌리고, 일어나지 않은 게 지금의 현실이기를 간절히 갈망한다. A는 후회와 회한으로 가슴을 쳤다. 이런 일을 하고, 저런 일은 하지 말았어야 했다. 그러나 그는 한 것이든 안 한 것이든 돌이킬 수 없음을 곱씹어야만 했다. 지나가버린 인생에 '지금 주었으면…' 하고 간절히 바라는 의미와 가치를 부여할 수는 없다. 예전에는 그런 의미와 가치를 인정하지 않았으니까. 레지스탕스에서 혁명의 불길이 치솟기를 기다리는 대신, 1945년 이후 힘들여 언어나 다듬는 편이 훨씬 더 낫지 않았을까. 혼신의 힘을 다해 당시를 증언하는 글을 남기는 것만이 최선이 아니었을까? 그러나 지금은 너무 늦었다.

내 인생의 의미는 곧 무의미다. 자세히 들여다보면 그저 뭉쳐진 시간덩어리다. 현실은 예전의 가능성을 깨끗이 씻어버렸다. 정작 다루고 싶었던 실체는 더는 주무를 수 없다. A는 후회했다. 그저 변두리에만 머물러 산 인생을. 이제 모든 것을 놓쳐버린 지금 물끄러미 바라보는 벽에는 이렇게 쓰여 있다. "다시는 오지 않으리."

아마도 이 후회와 '나시는 오지 않음'이 숙음을 바라보며 느끼는 두려움의 뿌리가 아닐까. 물론 이 후회와 다시는 오지 않음을 그 어떤 유보도 없이 전적으로 믿지는 않는다 할지라도, 더는 되돌릴 수 없다는 게 죽음의 민낯이리라. 죽음은 우리를 공간으로부터 들어낼 뿐만 아니라, 우리 안에 켜켜이 쌓인 시간마저 파괴하기 때문이다. 이런 파괴로 비롯된 절망감에서는 늘 일말의 어리석은 희망을 담은 후회마저 성립하지 않는다. 이로써 시간과 더불어 이를 되돌렸으면 하는 갈망마저 사라진다. "시간이 발걸음을 되돌린다면, 그래서 우리가 20년 전의 우리가 된다면, 몇 주 전의 우리로 돌아간다면, 어제의 우리가 될 수 있다면!" 왕 베랑제와 왕비 마리는 이렇게 한탄했다. 그러나 시간은 되돌려지지 않는다. ─그리고 왕은 죽어갔다.et le Roi se meurt.• 늙어가는 노인이 자신의 늙어감 자체를 있는 그대로 정확히 받아들일수록, 그는 되돌려질 수 없는 시간을 그만큼 더 정확히 경험한다. 그래서 더욱 깊은 회의에 사로잡혀 시간을 상대로 싸우면서 시간과 더욱 밀접하게 맞물리고, 같은 과정을 통해 시간에 속한다.

시간은 여전히 그 자신인 모든 것이다. 그는 자기 자신과 마찬가지로 시간에서 버릴 게 거의 없다. 그러면서도 그는 시간과 자신을 잃게 될 거라는 사실을 안다. 그게 내일일지, 1년 뒤, 5년 뒤, 혹은 10년 뒤일지 그건 더는 중요하지 않다.

• 부조리 연극의 대가 외젠 이오네스코Eugène Ionesco(1909~1994)가 1962년에 발표한 희곡. 국내에 번역된 제목은 '왕은 죽어가다'이다. 왕 베랑제와 왕비 마리는 이 희곡의 등장인물이다.

시간 속에서 나는 홀로 있다

늘어가는 인간은 시간의 다발 혹은 켜켜이 쌓인 시간의 층이라고 우리는 말했다. 그러나 그 뜻은 다발 가운데 마음에 드는 것을 내키는 대로 골라 이리저리 엮어볼 수 있다는 게 아니다. 층을 주의 깊게 더듬어보며 시간의 주인이 될 수 있다는 의미도 아니다. 정신과 의사는 정신병을 앓는 사람이 공간과 시간에서 방향을 잃는다고 우리에게 가르쳐준다. 공간에서는 실제로 정신적 손상을 입은 사람만 방향을 잃고 헤매지만, 시간에서는 건강한 사람도 얼마든지 방향감각을 상실할 수 있다.

다시 말해서 시간 안으로 침잠한 노인은 낭떠러지를 떨어지는 물처럼 불확실함을 향해 빠져든다. 늘어가는 사람은 물리학적 시간으로 정리된 도표에서 다소 정도의 차이를 보일지라도 확실하게 과거를 읽어낸다. 또 전혀 읽어내지 못하는 경우도 왕왕 있다. 5년 전인지 아니면 4년 전인지 분명치 않은 탓에 이야기를 하며 정확한 시기를 언급하는 걸 망설인다. 그러나 더욱 의미심장한 사실은, 늘어가는 이가 소통을 하며 시간을 헤아리기 위해 필요로 하는 눈금 표가 기실 노인에게는 거의 아무런 상관이 없다는 점이다. '5년 전'이라고 해서 '15년 전'과 다르게 느껴지는 게 아니다. 퇴적된 시간의 개별 층은 그때마다 노인에게 특별한 비중을 가지는데, 이런 변화를 연대기로 정리할 수는 없는 노릇이다. 이런 뜻에서 자신의 시간을 발견한 사람은 그야말로 비非역사적인 삶을 산다.

게르망트 가문의 왕자에게서 시간을 다시 발견했다고 믿

는 A는 자신이 기억하는 사건들을 연대기 순으로 정리할 수 없다. 침대에 누워 계시던 어머니의 얼굴, 스완이 찾아올 때마다 정원 철문이 덜커덩하고 닫히는 소리, 동시에르Doncières에서 생루와 보내던 저녁, 마들렌 과자와 오리앙 공작부인의 드레스, 이 모든 기억은 저마다 밀도의 차이를 달리하는 통에, 거기에 순서를 매겨 기억하는 게 A에게는 아무 의미가 없다.•

A는 우리 모두가 그러하듯, 시간 속에서 길을 잃고 헤맨다. 중간 휴식, 하루, 주간, 연도, 이 모든 것은 그에게 아무 상관이 없다. 숲에서 길을 잃고 헤매던 수도사가 나무 아래서 늘어지게 낮잠을 즐긴 끝에 저녁 미사에 맞춰 서둘러 하이스터바흐 수도원에 돌아와보니, 다른 형제 수도사들이 전혀 다른 시간을 살고 있던 것과 마찬가지다.•

A가 다시 발견한 시간은 연대기의 구조를 가지지 않으며 오히려 오로지 살아낸 시간이고, 인생의 일대기로 확정된 사실과는 무관한 것이기에 그의 시간은 살아본 밀도의 차이를 가진다. 물론 이 밀도 역시 시간 안에서, 시간과 더불어 변한다. A는 자신이 공간에서 들어내지기 전에 공간으로부터 스스로 걸어나와, 현재 자신에게 주어진 세계를 두고 "예전에는 '거짓말 같은 의미'로만 보았던 세상"이라고 말한다. A는 시간이 되기 위해, 자기 자신이 되기 위해 세계를 포기했다. 그는 세계를 자신 안에 역사로 자리 잡은 시간으로 기억한다. 너무 피곤한 나머지 다시 바깥으로 나가는 일, '공간으로 나서는 일'er-äußern(외

• 여기에 등장하는 인명과 지명은 모두 프루스트의 작품에 등장한다.
◆ 하이스터바흐 수도원Kloster Heisterbach은 독일 노르트라인베스트팔렌의 하이스터바흐 계곡에 1189년에 세워진 시토 교단 소속의 수도원이다. 지금은 옛 골격만 남고 폐허가 되었다. 본문에서 언급한 것은 수도원을 둘러싼 전설로, 숲속에서 잠깐 낮잠을 잔 수도사가 수도원으로 돌아와보니 벌써 몇 세대나 시간이 흘러 있다는 내용이다.

화外化, 자신을 드러냄)을 하고 싶지 않았기 때문이다. 그는 오로지 죽음만이 두려웠다. 죽음은 몸을 공간에서 들어낼 뿐만 아니라, 육신에서 시간도 뽑아내기 때문이다. 헤치고 돌파하며 살아낸 시간, 그 안에서만 자신의 자아를 찾아낼 수 있는 시간을 A는 빼앗기고 싶지 않았다. A는 섦어 살았던 '우아한 사회', 기석과노 같은 아름다운 장場으로서의 '당 르몽드'dans le monde(사교계)라는 시간의 소유권이 자아에게 인정되지 않을까 두려웠다.

A는 기억을 했고, 이로써 자기 자신을 기억했다. 바꿔 말해서 기억함으로써 그는 자신이 되었다. 그가 "잃어버린 시간을 찾아서"라는 기록에서 우리에게 들려주지 않은 것은, 그 기억이 빛바랜 나머지 자기 자신을 찾을 의욕도 힘도 없는 사람마저도 자신 안에서 그 무게를 느끼는 시간이다. 그러나 기억하지 않는 사람도 시간의 무게는 느낀다. 노인 혹은 심지어 이제는 정신마저 가물가물해지는 고령의 노인을 먼저 말할 필요도 없이, 늙어가는 사람 일반은 자신 안에 쌓인 시간의 층을 기억으로 더듬어보지 않는다 하더라도 그 시간 층의 무게를 느낀다.

늙어가는 사람은 늘 자신 안에 시간을 담고 있다는 느낌을 가진다. 그래서 굳이 과거를 기억으로 그려볼 필요가 없을 뿐이다. 몸의 힘이 갈수록 줄어들어서, 또는 몸이 안기는 아픔이 갈수록 커져서 과거를 기억하지 못하는 게 아니다. 시간이라는 이름의 과거는 엄존한다. 기억하지 않아도 순수한 감정으로, 직접적이며 그 어떤 매개도 필요로 하지 않는 감정으로 존재한다. 이런 감정을 두고 침묵하지 않으려면 공간의 세계에서 메타포를 빌려와 언어의 상징화를 시도해야만 한다. 시간은 고작 몇 가시 사건밖에 기억하지 못하는 사람의 내면에서도 그 묵직한 무게를 드리운다. 시간을 또렷하게 그려볼 사건이 몇 되지 않아도 그 무게는 느껴진다. 이로써 시간은 '순수 시간'이 된다. '내면의 감각'을 고스란히 현재로 보여주는 게 순수 시간이다. 이 내면의 감각은 공간을 직관하는 형식인 '외적 감각'보다 더 우리에게 고유한 것이다.

공간, 내가 공간적 직관형식으로 나의 것으로 차지하는 내 공간은 동시에 타인의 공간이기도 하다. 그러니까 공간은 서로 의사소통을 해가면서 파악할 수 있는 현상이다. 공간은 직접 적인 게 아니며, 내가 살아가는 공간과 과학의 측정 가능한 공 간 사이에는 비교할 만한 게 별로 없음에도 하나로 묶일 수 있 다. 그러나 시간에서 나는 그저 홀로 있다. 그걸 좀 얘기해보라 는 요구가 아무리 드셀지라도, 나는 내 시간과 더불어 혼자 있 을 따름이다. 그래서 시간 감각은 공간 감각과는 비교할 수 없 는 드라마다.

우리가 잘 아는 A는 6개월 동안 어두컴컴한 독방에 온몸 을 묶인 채로 지냈다. 그는 공간을 가지지 않았다. 한편으로는 감방이 너무 작고 조명이 어두운 탓도 있었지만, 다른 한편으 로는 묶여 있어 조금도 움직일 수 없었기 때문이다. 세계를 빼 앗겼다는 사실을 일단 받아들이기로 하자, 그에게 공간은 사라 지지 않았으며 오히려 장기적으로 공간에 익숙해졌다. 그러나 갈수록 짙어지는 존재의 밀도로, 매분 매초마다 과거가 되어버 리는 '살아낸 시간'이 생겨났다. 그래서 불과 한 시간 전에 먹 은 희멀건 죽이 어린 시절의 기억만큼이나 멀게 느껴졌다. 반쯤 공간을 빼앗긴 탓에 그는 돌연 살아낸 시간을 어떤 특정 상황에서 떠올려야만 세계를 기억할 수 있음을 발견했다.

살아낸 시간, 그것은 그의 재산이자 그의 독특함 자체다. 그러나 바로 이 살아낸 시간, 자신의 자아를 규정해주는 살아낸 시간 탓에 우리는 끊임없이 속임을 당한다. 살아낸 시간에 초점을 맞춘 전망 아래 자아실현에 매진하면서 우리는 세계에 자신의 족적을 남길 수 있기를 희망한다. 그러나 이렇게 남겨진 족적은 타인의 그것에 의해 지워진다. '전망 의지'는 자아, 곧 내 자신이 되는 일을 막을 뿐만 아니라, 세계를 차지하지 못하게도 만든다. 살아낸 시간에 주목하는 전망 의지는 그저 우리를 제압하는 타인의 힘에 질식해 자신을 잃어버릴 뿐이다.

결국 A는 자신의 독방에서 숱한 역설과 모순을 곱씹으며 시공간에서 살아감이 무엇인지 고민하던 끝에 다른 모든 애매함과 모순을 포괄하는 단 하나의 커다란 것을 포착하려 시도한다. 다시 말해서 '세계 내 존재'In-der-Welt-Sein, 공간이라는 세계로 자신을 내던지는 기투企投에서 나는 내가 아직 아니라는 사실을, 내가 나 자신이 될 수 있는 것은 단지 세계를 상대로 하는 싸움과 세계를 가지고 노는 섬세한 유희를 통해서만 이룩될 수 있음을 깨닫는다. 그런데 이렇게 해서 농도가 짙어진 나는 흘러버린 시간, 곧 세계가 없는 시간이며, '시간 속의 나'Ich-in-der-Zeit는 아무 감흥도 없는 슬픔과 체념이라는 느낌을 가질 따름이다. 결국 '세계 속의 나'Ich-in-der-Welt와 '시간 속의 나'는 실제로 존재하는 현실이 될 수 없다.•

• 이 대목에서 아메리가 펼치는 논지는 마르틴 하이데거Martin Heidegger(1889~1976)의 실존철학을 염두에 둔 것이다. 하이데거는 인간의 실존을 '세계 내 존재'로 규정하고, 자신의 의지와는 상관없이 세계로 내던져진 존재라는 뜻에서 '던져진 기투'geworfener Entwurf라는 표현을 썼다.

그럼에노 인간이라면 누구나, 그가 공간 안에 있고, 시간을 자신 속에 품고 있는 한, 실제로 존재하며 현실의 일부다. 처음부터 실패할 수밖에 없는 살아 있음과 덧없이 흐르는 시간을 둘러싼 성찰이 너무 힘든 나머지 우리를 광기로 몰아가거나 심지어 자살하도록 충동한다 할지라도, 정신이상이나 자기 파괴라는 불합리함 속에서 마침내 모순은 해결된다.

바로 그래서 A는 감방에서도 다른 대다수 동료와 달리 의젓했다. 나중에 그는 동료들에게 죽음의 위험이 상존하는 독방 시절을 이야기해주기도 했다. 대다수 동료는 자신이 세상으로 던져지리라는 기대에서 비롯되는 희망을 포기하지 않았다. 그러나 A는 예상된 결말을 별다른 두려움 없이 마주보았다. 그가 용감해서 그랬던 것은 아니다. 용감하다니, 그는 용감하지 않았다. 다만 그는 성찰을, 반드시 필요한 성찰을 했을 따름이다. 무엇을 생각해야 좋을지 알 수 없는 성찰, 거의 생각하기 어려운 것을 다루는 성찰을 하느라 게르망트 가문의 손님은 피곤하기만 했다. 그래서 그는 왕자의 사교계를 떠나 코르크로 방음처리가 된 방에서 작품에만 몰두했다.

자신이 실제로 존재하며 현실의 일부라는 점에 만족할 수 없는 사람은, 그럼에도 누군가 자꾸 현실을 믿으며 현실이라고 여겨지는 세상 안으로 들어가 활동하자고 주장하는 것을 안타깝게 바라볼 뿐이다. 일단 반항을 시작한 사람은 다른 이들과 어울릴 수 없다. 그는 세상에 조롱거리가 될 수밖에 없다. 결국 자기 자신을 스스로 비웃지 않을 수 없다. 생각할 수 없는 것을 생각하고자 안간힘을 썼기 때문이다. 주변의 사정이 나빠진 탓에 그에게 남는 것은 위안일 뿐이다. A가 뒤늦게나마 잃어버린 시간을 찾아 나선 것 역시 위안일 따름이다.

물론, 덧없이 흐르는 시간 가운데 자신의 살아 있음이 지니는 무의미함으로 매일 광기의 언저리로 내몰리는 사람만이 그런 위안을 필요로 하나. 아마도 이 광기는 우리 모두가 품는 가장 커다란 가짜 물음, 곧 '인생의 의미'라는 문제 그리고 동시에 가장 고통스러운 '존재 물음'에 주어지는 유일한 답이 아닐까.

이런 탐색을 시작하지 않은 사람, 끝없이 궁구하며 성찰하는 가운데 결국 무의미하다는 결론을 내릴 수밖에 없는 탐색을 시작하지 않은 사람은 시간과 현실에서 누군가로 살아간다. 그런 사람은 그 무엇으로도 파괴할 수 없는, 대개 일종의 정신적 세포 혁신으로 그때마다 새롭게 회복되는 평형에 감싸여 살아간다. 그는 균형을 이룬, 죽음과 광기 사이의 어느 지점엔가 매달려 있다. 이런 균형에서는 공간화한 연대기의 시간과 살아낸 시간이 대략적으로나마 같은 중력을 지니리라. 이런 곳에서 관성에 젖은 두뇌는 자기 보호의 일환일 따름이다. 그는 아마도 '자연적인 시간 감각'을 가졌노라고 말하리라. 건강한 감각과 이를 떠받드는 힘의 보증이 곧 자연적인 시간 감각이다.

이로써 생각함이라는 위험지대를 벗어나 습관이라는 편안함으로 후퇴하는 것일까? 내면의 목소리에 귀를 기울이지 않고, 마치 시간을 잘 아는 양 행동하는 사람은 그렇다고 대답하리라. 내일 오전 12시에 만나기로 약속했다, 1년 전에는 루아르의 성들을 구경했다, 치과의사를 찾아가 진료를 기다리는 일은 지루하고 시간을 갉아먹는 것만 같다, 그런 따위의 말을 당연한 양 주워섬긴다.

사회활동은 시계를 가지도록 강제한다. 수첩에 약속시간을 적고, 특정한 날 해협을 횡단할 수 있게 여객선의 자리를 예약한다. 자유롭게 생각한다는 평안함 속에서 우리는 과거, 현재, 미래를 사회가 요구하는 대로 가진다. 그래야 사회생활을 할 수 있기 때문이다. 그러나 결국 문제 삼지 않았던 것, 곧 '자연적인 시간 감각'은 쓸모 있음이라는 법칙에 굴복한 편안함과는 다른 것임을 깨닫지 않을까? 자신이 저 무의미한 성찰이나 일삼는 사람보다는 낫다고 여기며 매달렸던 바로 그 '자연적인 시간 감각' 말이다. 아마도 그게 '자연'이니까, 하는 반론이 제기될 수는 있다. 이 자연은 과학으로부터 이끌어낸 물리적이고 수학적인 질서의 자연일 뿐만 아니라, 우리에게 익숙한 개념으로 변형을 준다면 '살아낸 자연'nature vécue이라는 반론이!

그래야 그는 살아 있기 때문이다. 그가 상처를 입었다고 가정해보자. 상처는 쉽사리 아물지 않는다. 곪아 통증을 일으켜 공간적인 외부가 그의 몸을 공격하는 것처럼 느끼게 한다. 몸은 가지지 않아야 완전히 소유한다. 다시 말해서 느껴지지 않는 몸이 건강하다. 그러다가 점차 상처가 아문다. 감염과의 싸움을 그의 유기체가 이겨내 상처가 아문다. ─그러니까 이제 상처를 지워버리는 것은 돌연 시간이다. 매일 흘러가는 하루와 더불어 새로운 조직이 상처를 덮어버림으로써 이제 시간은 더욱 살아낸 시간이자 살아낸 자연이 된다. ─드디어 시간이 승리하는 날이 찾아온다. 바로 그래서 시간은 모든 상처를 치유한다고 세상 사람들은 말하는 모양이다. 그러나 시간은 결코 완전히 치유하지 않는다. 적어도 이 찰과상이 완전히 없어질 정도로 치유하지는 않는다. 상처는 흉터가 되어버렸다. 시간이 해결했지만, 이는 더는 시간이 아니다. 공간적인 외부도 아니다. 다만 더는 느끼지 못하는, 세계에 속하는 몸의 일부일 따름이다.

물론 치유에 필요한, 습관을 넘어서는 자연적인 시간 감각이라는 것은 분명 존재한다. 그러나 시간을 두고 성찰하는 일은 전혀 자연적이지 않으며, 자연이 될 수도 없다. 그것은 인생을 두고 경악하는 인간의 작업이다. 이 인간은 불안함을 애써 평안함으로 덮으려 하지 않고, 자기 자신을 떠나 시간 안에서 자기 자신을 발견하려 하면서 자아를 찾고자 하기 때문에 평안히 쉬는 일이 절대 없다. 늙어가던 어느 날 시간의 비밀을 알아낸 그는 당혹한 나머지 경악한다. 모든 상처의 치유가 기만적임을 깨달았기에 그는 조직이 더는 새롭게 자라나지 않을 마지막 상처가 있지 않을까 하는 의문을 품는다.

그렇다, 다시는 치유되지 않을 마지막 상처는 분명 존재하지 않을까? 시간과 공간 안에서 존재하면서, 가까워올 어느 날인가 더는 존재하지 않게 될 거라는 사실을 감수할 수 없어 입게 될 마지막 상처가? 자신 안에 쌓인 시간을 두고 성찰을, 짧은 순간이나마 성찰을 하면서 놀라움에 자신을 내맡긴 인간은 어쨌거나 점차 공간을 벗어나기 시작한다. 아마도 한동안은 머물러도 좋을 공간을.

시간은 순식간에 사라지며, 인간은 시간의 피조물에 지나지 않는다. 그는 '나'라고 말하지만, 그 숨은 뜻은 '내 시간'일 따름이다. 그리고 갈수록 그는 다른 사람이 낯설어진다. 그냥 시간이 똑딱이며 가게 내버려두는 다른 사람을 힘겨워한다. 날카로운 두뇌로 제법 그럴싸하게 통하는 정신의 질서를 시간에 강제하는 다른 사람도 낯설기만 하다.

낯설어 보이는
자기 자신

너 이상 예선의 내가 아닌 나

벌써 몇 주 전부터 여인 A는 아침에 화장실에서 거울 앞에 설 때마다 눈꺼풀에 조그만 노란 반점 혹은 종기 같은 게 생긴 것을 발견했다. 별다른 증상은 없고 만져도 아프지 않아 무해한 것으로 여겼다. 그냥 그런 게 있구나 싶었다. 특히 추해 보이지도 않았고, 무시해도 좋을 정도의 기형이었으며, 다른 사람은 그런 게 있다고 암시를 주어야만 알아보았다. 그렇지만 A는 이 새로운, 무서울 정도는 아니지만 어쨌거나 실톱으로 켜는 것처럼 창피한 증상이 불안하기만 했다. 서둘러 몸의 이상이 있을 때마다 펼쳐보는 자그만 의학 핸드북을 찾아보니 '황색판종' Xanthelasma이라는 증상에 해당한다는 것을 알게 되었다. 이것은 어떤 물질, 이름 그대로 밝히자면 그렇지 않아도 밉살스러운 '콜레스테롤'이 침전되어 생겨나는 증세라고 한다. 아무래도 우리 몸이 너무 많이 이 물질을 만들어내는 탓에 그런 증상이 나타나는 모양이다. 그런데 하필이면 왜 크산티페Xanthippe를 연상시키는 이름일까. 소크라테스의 아내에게 부당하게 붙어 있는 심술궂은 평판을 익히 아는 A로서는 불편한 심기를 억누를 수 없었다.

　A, 그러니까 노란 반점 탓에 자신을 익살이 아니라 정말 분한 마음에서 크산티페라 부른 50대의 여인은 거울 앞에 서서 회한을 곱씹히면서, 자기 자신이지만 낯선 동시에 새삼스럽게 보이는 자아를 확인하는 기묘한 감정의 모순을 맛보았다. 아니 더 정확히 이야기하자면, 노란 반점이 생겨난 자기 자신에게

느끼는 저항감이랄까. 흔히 그녀가 쓰는 과장된 말투를 흉내 낸다면 거울에 비친 추한 '눈 모양'의 자기 얼굴을 물끄러미 응시하는 거다.

생각이라는 작업에 훈련받지 않은 그녀가 추한 모습이라는 새로운 적으로 낙담한 나머지 흥분해서 일단 노움을 구하는 건 얼마든지 이해할 수 있는 태도다. 물론 원하는 대로 사안을 비틀어 신진대사 작용의 실패, 곧 노화 현상이라고 진단할 수는 있다. 그래서 A는 평소 잘 알지 못하던 여자 친구●에게 충고를 구했다. 그 친구는 이른바 '정황의 강제로'la force des choses라는 표현으로 노화의 특수한 정황을 상세하고도 아름답게 기술한 바 있다. 독일어로 대략적이나마 옮겨본다면 '일이 흘러가는 대로'Lauf der Dinge라고 표현할 수 있을까. "저게 내 얼굴인가 싶은, 도저히 믿을 수 없는 형상을 보며 당혹한 마음을 감출 수 없는 그런 때가 많기만 했다." 그 여자 친구가 쓴 글이다. "거울에 비친 내 모습을 증오한다. 눈 위로는 마치 모자처럼 생긴 게 머리라고 걸려 있으며, 눈 아래로 보이는 넙데데한 얼굴은 무슨 가방인 것만 같다. 입 주변에는 주름살이 자글자글해서 슬퍼만 보인다. 이제는 낙엽으로 뒤덮인 것만 같은 머리를 보며 한숨짓지만 그 낙엽이 떨어지지는 않으리라." A는 "불쌍한 시몬"이라고 중얼거렸다. 너는 나처럼 크산티페가 아니면서도 고통스러워하는구나. ─그러나 지극히 공감하면서도 A는 여자 친구의 태도에 전적으로 만족할 수는 없었다. 그녀는 자신의 현재 모습을 두고 불평을 늘어놓기는 했지만, 이 불평 혹은

● 여기서 '여자 친구'는 프랑스의 작가이자 철학자인 시몬 드 보부아르Simone de Beauvoir(1908~1986)를 가리킨다. 그녀는 철학, 정치, 사회 이슈 등 전방위에 걸쳐 활발한 담론을 펼친 페미니즘 운동가다. 대표작으로 『제2의 성』Le Deuxième Sexe이 있다. 실존주의 철학자 장폴 사르트르와의 계약 결혼으로 유명하다.

탄식의 저편이나 아래에서 무슨 일이 일어나는지 기술하지는 않았기 때문이다. 그러나 정작 중요한 것은 불평이나 탄식으로는 담아낼 수 없는 노화의 실상이 아닐까.

A가 벌써 오래전부터, 눈가에 노란 반점이 나타나기 훨씬 이전부터 매일 아침 거울을 보며 사로잡히는, 실톱으로 갈리는 것처럼 느끼는 고통의 원인은 무엇일까? 그 가장 밑바닥에는 물론 늙어감이 똬리를 틀고 있다. 나이를 먹어가면서 필연적으로 따르는 몸의 퇴화를 속수무책으로 바라보아야만 하는 심정이랄까. 여기에는 A가 거울을 통해서만 아니라 일상에서 만져보기도 하는, 그래서 만져보는 손이 기괴하게도 느낌의 대상이 되는, 곧 내가 '나 아닌 나'가 되는 깊은 충격이 노화의 진실이 아닐까. 젊은 시절에는 당연하다고만 여겼던 게 돌연 낯설기만 한 것으로 나타나는 현상이다. 이 소름끼침, 우리 인간의 근본 정서 가운데 일부인 소름끼침은 거울 앞에서 물러나 평소 일상에 뒤덮여 하루 일과를 감당하느라 잊힐 따름이다.(새 립스틱이 너무 어둡거나 혹은 밝은 게 아닐까? 머리 모양은 너무 부풀려지지 않았나? 오늘 한 목걸이의 뉘앙스는 좀 분별없는 게 아닐까?) 그러나 이 얇디얇은 일상의 층은 늙어가는 인간이 자신의 노화 흔적을 뼈저리게 느끼며 거울 앞에 머무르는 한, 여지없이 깨어진다. 그럼 돌연 나는 나이면서 내가 아니라는 것, 곧 '나 아닌 나'가 평소 익숙한 나를 문제 삼으면서 충격과 경악이 고개를 든다.

그렇지만 아마도 '노화'와 그로 비롯된 '경악'을 겨눌 가장 강력한 포문은 요란하기만 한 드라마로 슬그머니 주저앉으리라. 형이상학적으로는 별 내용이 없지만, 그래도 못지않게

"돌연 나는 나이면서 내가 아니라는 것,
곧 '나 아닌 나'가 평소 익숙한 나를 문제 삼으면서
충격과 경악이 고개를 든다."

베르나르도 스트로치, 〈늙은 바람둥이 여인〉, 1630년, 푸슈킨 미술관, 모스크바.

절박한 종류의 드라마로 해체된 경악은 그 진부한 드라마의 틀을 벗어나지 못한다. A의 눈은 노란 반점에 꽂힌 나머지, 여자 친구에게 이 추한 게 내 얼굴이어야만 하느냐고 탄식하리라.

─자기 증오? 이건 너무 나간 표현이다. 증오라는 것은 도덕적 성질을 가지는 것으로 축 늘어진 피부를 바라보는 반감에 적용시킬 수는 없는 단어다. 조직 세포가 탄력을 유지해주는 물질을 잃어, 결국 쉽게 녹아 없어지지 않는 요소가 많아져서 그런 것을 증오할 수야 없는 노릇 아닌가.

그럼 자기 혐오? 이것도 아니다. 물론 A는 황색판종과 시든 피부가 혐오스러울 수는 있지만, 아마도 예전에 겪은 다른 증세를 보며 느낀 반감을 희미하게나마 기억할 것이기 때문이다. 몸이 이상해서 그런 걸 혐오까지 해서는 안 된다는 기억을! 그러나 이런 타이름은 본래 외부, 곧 노란 반점을 다른 사람의 것으로만 여기는 세계로부터 주어진 것일 따름이다. 반면 그 노란 반점이 이제 자신의 것인 마당에 그녀는 혹 외과의를 찾아 제거해달라고 할까 고민할 수도 있다.(그런데 그런 수술은 돈이 얼마나 들까? 솜씨 좋은 전문가라면 확실히 없애줄까?) 이런 경우 반점은, 자기 몸이 분비하는 물질을 두고 반감을 느낄 수 없는 것과 마찬가지로 자신의 고유한 것이다. 부끄러움? 아마도. 물론 남녀노소를 막론하고 말라버린 피부와 눈가의 약하게 채색된 매듭을 가지고 세상을 돌아다녀 그게 더는 추한 게 아닌 상황도 얼마든지 생각할 수 있다. 그래도 어쨌거나 증오라는 것은 터무니없는 말이다.

그러나 자기 권태? 이 말은 인생의 권태에 빗댄 표현으로,

설혹 자살로 이른다 할지라도 그게 삶의 총체적 증오나 혐오인 것은 결코 아니다. 그건 아무래도 거꾸로, 그만큼 강렬한 삶의 욕구가 아닐까. 더 정확히 말하자면 인생의 특정 형식을 바라는 갈망? 인생이 우리에게 베풀기를 거부하는 바로 그런 형식? 그래 바로 그거다, 자기 권태!

A는 자신이 아침에 거울 앞에 서는 실험을 되풀이할수록 권태와 더불어 은근한 자기 보상 심리가 생겨나는 것을 발견했다. 물론 이 심리는 자기 보상임을 인정하려 하지 않는다. 이미 오랫동안 견뎌온 덕에 깊은 권태에 사로잡혀 있으면서도, 자신의 거친 피부로 마치 흉터를 자랑스러워하는 용감한 전사와 같은 자부심을 맛보기 때문이다. 이처럼 늙어가는 사람이 자신의 몸을 바라보는 태도는 나르시시즘으로 물든다. 다만, 거울에 비친 자신의 모습에 빠진 사랑은 어느 모로 보나 황홀함을 선물하는 그런 사랑이 아니라, 권태 사랑, 곧 권태가 자신을 연민하는 나머지 그 사랑마저 깊은 권태에 사로잡힌 바로 그런 감정이다.

A는 암울한 사태를 밝히 풀어보고자 하는 희망을 가졌으며, 또 그럴 수 있는 처지의 모든 사람과 마찬가지로 애매모호함에 흠칫 놀라 굳어지고 말았다. 그녀는 이 애매모호함을 여자 친구와 함께 '중의성'重義性(ambiguïté)이라 부르기를 즐겼다. 그 안에 꼼짝도 할 수 없게 사로잡혀 상황을 명백하게 정리할 기회를 갖지 못하게 만드는 게 '중의성'이다. 거울 앞에 서서 자기 권태와 자기 보상을 동시에 느끼는 풀 길 없는 아포리아, 곧 난제라는 사실 때문에만 그런 것은 아니다. 더 나아가 자

기 소외와 자아 신뢰 사이의 불협화음이 인생 전체를 지배하는 바람에 그녀는 완전히 지치고 말았다.

그녀는 자신이 낯설기만 하다. 매일 아침 의례라도 치르듯 거울에서 보는 자신의 모습은 어린 시절과 나중에 커서 보낸 절정의 시절에 이끌고 다니던 외적인 나, 곧 외모와는 거의 아무런 상관이 없거나, 있어도 조금일 뿐이다. 여전히 의식의 높은 층에서 이런 속삭임이 들려오기 때문이다. "나는 아직 젊게 느껴져." 편지 겉봉에 적힌 이름을 읽으며 그녀는 아직 늙지 않은 여인이라는 연상을 떠올릴 따름이다. 여자 친구의 글에서도 비슷한 대목을 찾아 읽으며, A는 자기 자신을 다시금 발견한다. "어딘가에 '시몬 드 보부아르'라고 인쇄된 것을 읽으면, 마치 사람들이 젊은 여인인 내 이야기를 하는 것만 같다. 그 젊은 여인이 바로 나다……." A의 심사도 이와 전혀 다르지 않다. 그리고 아마도 권태를 이루는 가장 강력한 요소는 바로 이 자기 소외, 곧 오랜 세월 동안 지녀온 젊은 나와 거울에 비친 늙어가는 나 사이의 불일치이리라. 그러나 소외를 느끼는 바로 그 순간, 똑같은 시간의 흐름에서 A는 거울을 응시할 뿐 화를 내지는 않는다. 그녀는 이내 거울에 등을 돌린다. 이 경우 화를 낸다면 이는 타인의 분노일 따름이니까.

이렇게 해서 A는 노란 반점과 광채를 잃은 눈을 가진 자기 자신에게 더욱 가까워지며, 그 어느 때보다도 더 권태롭고 서글프며 익숙하다고 여긴다. 타인이 되어버린 거울의 자화상에, 갈수록 더 절박하게 자기 자신을 실감하라는 운명의 심판을 받기라도 한 것일까. "까마득하게 여겨지는 예전에 나는 내 외모를 거의 신경 쓰지 않았다고 믿었다." 여자 친구가 쓴 글이다. "이렇게 해서 배불리 먹고 건강한 사람은 위장을 잊는 거겠지. 내 얼굴을 그 어떤 불쾌감도 없이 바라볼 수 있는 한, 나는 내 얼굴을 잊고 지낸다. 그게 당연한 일이다. '더는 내 얼굴을 미워하지 않으리'Rien ne va plus, je déteste mon visage." 그러나 A는 여자 친구와 달리 혹은 적어도 이 여자 친구가 묘사한 것과는 달리, 자신의 얼굴이 싫을 뿐만 아니라nicht nur, 얼굴이 자신으로부터 소외당해 낯설게만 여겨질 뿐이 아니라는 것nicht nur도 안다. 아니, 그 이상이다. 어떤 불쾌함도 없이 얼굴을 볼 수 있어서 얼굴을 '잊어버린 게' 당연하게 여겨지던 그런 예전이 과연 그녀에게 존재했던가? 얼굴이 세계의 부분이었던 때가 있었다. 그때에는 그 세계에 그녀가 속했으며, 다시 세계가 그녀의 것이었다. 어떤 모순도 없이, 아무런 애매모호함 없이 얼굴은, 나의 일부인 얼굴은 곧 나 자신인 동시에 세상이었다. 그때는 아직 자기 자신에게 소외되지 않았으니까. 그러나 이제 변모해버린 지금, 많은 경우 자신의 얼굴을 알아보지 못할 지경까지 갈 것처럼 보이는 마당에, 낯설기만 한 얼굴은 더는 세계로 향해진 게 아니다. 세계로부터 추방당한 얼굴이 바로 자신의 얼굴인 탓에. 자기 자신으로부터 소외된 동시에 비로소 자신이 된다는 역설이랄까. 그 극단에 빠진 경우가 바로 나르시시즘에 사로잡힌 멜랑콜리다.

이게 모든 늙어가는 사람이 겪는 근본 체험이다. 늙어가는 사람은 오로지 인내심을 가지고 거울 앞에 서기를 고집한다. 이로써 노란 반점과 탈수증에 쫓겨나지 않도록 용기를 북돋운다.

타인의 습관적인 평가를 자신의 내면으로 받아들이지 않으며, 그 평가에 굴복하지 않는 그런 용기 말이다. ―A는 아직은 오랫동안 거울 세리머니를 지켜가리라. 공간으로부터 들어내거나, 늙어가는 여인에서 노파가 되는 그날까지 쉬지 않고 세리머니를 수행하리라. 젊었던 시절의 모습을 더는 가지지 않고, 예전 얼굴은 앨범에서 찾아봐야만 하는 노파가 되기 전까지는.

노화, 세계의 상실 또는 감옥이 된 몸

이것이 A가 발견하고 거기에 자신을 적응시킨 '늙어감의 애매모호함', 곧 중의성이다. 그저 거울 앞에 서서 자신을 연구하는 단순한 일에 그치는 게 아니다. 늙어가는 인간, 즉 남자든 여자든 노화를 맞이하는 인간이 인생의 모든 정황에서 자신의 몸을 바라보는 태도는 늘 보기에 따라 달라지는 양면의 의미를 가진다. 늙어간다는 것은 나이를 먹어가는 사람에게 그 어떤 경우에도 '정상 상태'가 아니기 때문이다. 여기서 말하는 정상이란 누구나 받아들일 수 있는 객관적 사실을 뜻한다. 그러니까 노화와 죽음은 그 누구도 받아들일 수 없는 사실일 뿐이다. 그럼에도 오롯하게 사실로만 받아들여야 하는 게 노화와 죽음이다.

아직 몸의 상태가 나무랄 데 없는 75세의 여인은 고통스러운 류머티즘 때문에 전문의를 찾았다. 그녀는 노여운 목소리로 예전에 비슷한 증상조차 앓아본 일이 없으며, 왜 지금 이런 고통에 시달려야 하는지 모르겠다고 몇 차례나 불만을 토로하며,

의사에게 제발 이 몹쓸 병을 몸에서 몰아내달라고 호소했다. 남자 의사는 농담으로 분위기를 누그러뜨리려 하면서 이렇게 물었다. "예, 자비로우신 부인, 지금이 아니라면 언제 류머티즘을 가지고 싶으신가요?" 여인은 농담을 전혀 이해하지 못하고 발끈했다. 인생의 그 어떤 단계에서도 류머티즘을 앓고 싶지는 않다고 했다. 노화와 죽음은 다른 사람이나 맞이하는 사건이라며 자신은 전혀 늙지도 죽지도 않을 거라고 힘주어 말했다. 곁에 있는 사람이 늙어 죽어가는 것을 우리는 충분히 그럴 수 있는 일이라고 여긴다. 반면, 우리 자신만큼은 살고 늙어가며 죽음을 맞이하는 과정에서 자신을 한사코 들어내려 한다.

사회적 합의에 만족하지 않으려는 사람, 그러니까 일반의 여론보다는 자신의 의견만 고집하려는 사람이라면 누구나 노화를 정상적인 과정으로 받아들이려 하지 않는다. 앞서 살펴본 늙은 여인이 류머티즘을 노화의 정상적인 과정 가운데 하나로 받아들이지 않았듯. 노화라는 것은 그 자체로만 보면 정상이 아니라 일종의 병이기 때문이다. 물론 그 어떤 치유의 희망도 담보해주지 않는 그런 고통이다. 우리가 늙어가는 인간으로서 병에 걸렸다가 다시 의학이 말하는 의미에서 '건강'해질 수는 있다. 그렇지만 다시금 건강을 회복했다 할지라도 유기적인 생명이 나선형을 그리며 기능을 상실하는 모습에서 더 낮은 점으로 떨어질 뿐이다. 그러니까 예전처럼 건강을 완전히 회복하는 경우는 결코 없다. 의사의 위로가 아무리 만족스럽게 들릴지라도 젊은 시절의 건강은 절대 회복되지 않는다. 오늘 우리는 어제보다 덜 건강해졌으며, 내일의 건강 상태보다는 한 자락 더 낫다.

노화는 불치의 병이다. 늙어간다는 것은 아픔인 탓에, 우리가 인생을 살며 그 어떤 단계에서 빠질 수 있는 절절한 고통과 현상적으로 같은 법칙의 지배를 받게 마련이다. 바로 그래서 노화는 우리 몸을 바라보는 익숙함과 낯섦을 포괄하는 관계를 만들어낸다. 이런 사정은 우리가 느끼는 그 어떤 특별한 불편함에서 보는 것과 그 형편이 같다. 질병은 발병 빈도가 잦아지면서 파괴력도 더욱 커지는 탓에 상대적으로 몸이 편할 때조차 비참하기 짝이 없다는 성격을 가진다. 가벼운 병이든 무거운 병이든 당사자의 마음은 심란하고 비참하기만 하다. 반항할 각오를 허락해주기는 하지만, 이미 도달한 나이 탓에 체념에 빠질 수밖에 없다. 이러한 노화에서 우리는 특히 건강을 의식한다.

그런데 이제 다음과 같은 점을 유념해보자. 건강 일반이라고 하는 것은 건강을 잃었을 때에만 소중하게 느껴진다는 게 무슨 대단한 진리는 아니다. 자신이 젊게 느껴진다고 주장은 하지만 실제로 절대 청년일 수 없는 남자와 마찬가지로, "기분이 좋아"라고 말하는 사람은 정말 건강이 좋은 게 아니다. 좋든 나쁘든 '느낌'을 가진다는 말은 그 자체가 별로 신뢰성 있지 않다. 실제로 힘이 넘쳐나며 온전한 건강을 누리는 사람은 '느낌'이라는 걸 가지지 않기 때문이다. 완전한 건강을 자랑하는 사람은 자기 자신에게 머무르지 않는다. 독일의 위대한 의사나 인류학자의 책에서 읽어볼 수 있듯, 건강한 사람은 세상의 일과 사건에 충실할 따름이다. 우리가 자의적으로 덧붙인다면 건강한 사람은 자기 바깥에 머무른다. 그에게 속한 공간에, 떼려야 뗄 수 없이 자아와 맞물린 세계에 나아가는 게 건강한 사람의 태도다.

그러나 늙어가는 사람은 갈수록 세계를 잃어가는 '나'가 된다. 한편으로 그는 정신과 몸의 기억을 끌어모은 과거로 '시간'이 되며, 다른 한편으로는 갈수록 더 자신의 '몸'이 된다. 여기서 노인은, 많은 늙어가는 사람과 마찬가지로 자신의 기울상을 피한다. 쭈그러든 피부가 추하다는 세상의 가치 판단을 고스란히 받아들인 탓이다. 그러면서도 우리의 A와 마찬가지로 다시금 거울 앞에 선다. 이제 몸은 고스란히 자아가 되며, 껍질로, 외적인 것으로, 세월의 이런저런 상처를 입은 것으로 받아들여지는 동시에 그의 가장 본래적인 것이 된다. 늙어가는 사람은 갈수록 자신을 몸으로만 바라보며, 몸에 더욱 주의를 기울인다.

우리는 될 수 있는 한 거울을 피하고 싶어 한다. 그러나 핏줄이 불거진 손을, 축 늘어져 주름이 잡힌 배를, 정성들인 손질에도 두꺼워지고 갈라져버린 발톱을 보는 것을 피하기만 할 수는 없다. 눈 질끈 감고 몸을 외면할 수 없으며, 비늘이 부스러기처럼 떨어져 내리는 피부를 만질 때 벗어던지고 싶은 마음이 굴뚝같지만 그럴 수 없다. 몸은, 사르트르가 말하듯 '등한시한 것'le négligé인 몸은, 당연하게만 여겨온 기능을 잃어버릴 때에만 소중하게 다가온다. ―이 몸은 우리에게 세계를 매개해주던 바로 그게 더는 아니다. 오히려 무거운 숨결, 아프기만 한 다리, 염증으로 시달리는 관절로 세계와 공간을 우리에게 막아버리는 장애물이다.

이렇게 해서 몸은 감옥이 된다. 그러나 이 감옥은 마지막 인식처다. 몸은 껍네기가 된다. ─몸에서 일어나는 변화를 두고 고민하는 모든 늙어가는 사람의 입에서는 '죽어가는 껍데기'라는 단어가 미처 막을 수 없이 흘러나온다. 그러나 숨결을 고르고 다시 생각하면 몸은 인간이 지닌 가장 지극한 진정성이다. 결국에 가서 생명의 권리를 담보하는 것은 언제나 몸이기 때문이다.

젊어서는 우리 자아의 부분이자 지분으로서 세계였던 몸은 시들어가며 좋아든다. 더욱 끔찍한 것은 이 시드는 몸이 우리 자신의 분명한 부정이 된다는 사실이다.

나는 누구이며, 내가 아닌 나는 또 누구인가

벌써 오래전부터 A는 한때 그가 '풍경 감각'이라고 불렀던 게 차갑게 식어버리는 바람에 불안에 빠졌다. 그가 예전에 사랑했던 산과 계곡과 숲은 그를 회원으로 받아주려 하지 않는 클럽이 되었다. 물론 A는 자연을 미적 감각으로 파악한 풍경으로 바라보는 태도를 의심스럽게 바라볼 충분한 근거를 가지기는 했다. 숲과 계곡과 산은 과거 어떤 시절, A가 현재처럼 매우 생생하게 떠올릴 수 있는 시절, 조악한 시 그리고 그보다 더욱 나쁜 정치에 마구 끌어다 쓰였기 때문이다. 당시 자신이 "자연과 결합되었다"고 주장하며, 갈라 터진 날카로운 새된 소리로 풍경을 노래하던 이들은 휴머니즘을 짓밟는 적이었을 뿐이다.

그래서 A는 루이지 세템브리니˚에 전적으로 동조하는 태도를 취할 이유가 충분했다. 세템브리니는 어떻게 해서 자연이 정신과 대비해 사악하고 악마적인 원리가 되는지 당시 갈피를 잡지 못하던 대중에게 명확한 언어로 설명했다. 그러나 A에게 지혜로운 언어를 선보인 이 이탈리아 친구는 떠올리기만 해도 즐거운 문학 경험이기는 했지만, 그런 표현에 절대적 권위를 인정해주고 싶지는 않았다. A는 높은 산의 웅장한 자태나 바람을 맞아 파도처럼 일렁이는 숲의 장엄한 위용을 보며 느끼는 기쁨을 부정하고 싶지는 않았기 때문이다. 풍경의 미학과 자연의 신비화를 정권 다지기에 써먹은 의심스러운 작태는 역사적으로 먼 옛날은 물론 비교적 가까운 최근에도 얼마든지 찾아볼 수 있지 않던가.

풍경 감각이 사라진 원인을 알아내기까지는 어느 정도 시간이 걸렸다. 이런 풍경 감각은 사라지는 데서 그치지 않고 풍경을 바라보는 노골적인 불만으로 굳어지는 부정적인 결과를 낳았다. A는 도시 한복판에 있을 때보다 자연과 더불어 있을 때, 한때 자기 인격의 일부로 가졌던 세상인 자연이 이 인격의 부정이 되었음을 더 절박하게 의식했다.

오르고는 싶으나 너무 힘들어 지레 주저앉을 수밖에 없는 산은 이제 A의 반反자아다. 뛰어들어 마음껏 헤엄치고 싶은 물은 특정 온도가 되어야만 견딜 수 있을 뿐이다. 그러나 물은 좀체 온도를 맞추어주지 않고 그에게 안 된다고 말한다. 보기만

˚ Luigi Settembrini(1813~1877). 이탈리아의 교육자이자 작가로 절대주의 왕권에 저항해 민주주의를 위해 싸운 인물이다. 본문에서 언급하는 내용은 절대주의 왕권이 자연을 신이 선물한 왕권의 토대로 보는 태도에 대한 비판이다. 그는 절대주의 왕권을 비판한 끝에 극심한 탄압을 받고 옥고를 치러야 했다. 소설가 토마스 만의 작품 『마의 산』에서 세템브리니는 지성을 대표하는 인물로 등장하기도 한다.

해도 사랑스러운 계곡은 파리가 들끓어 걸어보고 싶다는 희망을 여지없이 부정하며 분노까지 치밀게 한다. 젊은 시절에는 파리가 조금도 성가시지 않았는데……. 다른 사람들은 산에 오르고, 호수에서 수영을 즐기며 계곡을 거닌다. A는 내쫓긴 것만 같은 우울함을 맛보며 그저 자신에게 되돌려진 채 외로울 뿐이다.

풍경에 느끼는 적대감은 비록 여기서 우리가 비유적으로 이야기하기는 하지만 '생활세계'monde vécu에서는 얼마든지 현실이며, 의식에 직접적으로 주어지는 사건이다. ─풍경에 느끼는 적대감을 이제 A는 자기 인격의 모순으로 의식한다. 그는 자연을 피하기 시작했다. 이제 자연은 그에게 전혀 낯선 것으로 소외되어버렸다. 그래서 그는 자신을 부정하게 된 세계가 어디 한번 도전해보라고 을러대는 것이 항상 굴욕적이지만은 않은 공간, 곧 자신의 방으로 후퇴했다. 친구들이 일요일 소풍을 가자고 하거나 어디 조용한 시골이라도 찾아 쉬자고 하면, 그는 손사래를 치며 거부한다. 갈수록 우쭐우쭐 힘을 늘리며 강력한 위세를 자랑하는 적수와 겨루는 것은 아무 의미가 없기 때문이다. 그와는 반대로 '나는 왜 갈수록 왜소해질까' 하고 A는 한숨을 쉬었다.

이성적인 과학 혹은 심지어 일상의 단순한 관찰마저도, A의 사례는 개인적인 것에 지나지 않는다고 우리를 가르치려든다. 본격적인 스포츠나 반쯤의 스포츠를 하기에 건강이 충분하지 않은 것을 불평하는 건 너무 예민한 나머지 허튼소리를 늘어놓는 것이라고 의학은 윽박지른다. ─그러면서 이미 상당히 연로한 부부가 꽤 먼 거리를 걷고도 '거뜬하다'거나 심지어

'젊다'고 느끼는 경우도 있지 않느냐며 반문한다. 물론이다. 건장한 노인은 여전히 세계와 공간을 조금이라도 더 맛보려 흥을 북돋운다. 이런 노인은 A보다 덜 병들었을 따름이다. A는 이미 45세에 기이할 정도로 늙어버려 학창시절의 동창생마저 몰라볼 지경이다. 반대로 건장한 노인은 꼿꼿한 자세로 60회 생일을 자축하며 60세 젊은이로 으스댄다. 그를 아는 지인은 전혀 달라진 게 없는 모습에, 놀란 입을 다물지 못한다.

그러나 늙어감이라는 현상의 본질을 짚어보려 시도하는 지금, 상식이 말하는 건장함만이 아니라 객관성을 중시하는 의학과 과학까지 고려할 때, 늙어가는 사람에게 세상이 등을 돌린다는 우리의 말은 진실이다. 몇몇 건장한 노인을 들먹이는 지당한 논리도 이런 사실을 부정하지는 못한다. 그뿐만 아니라 세계는 늙어가는 사람의 적이 된다. 빠르든 늦든, 다소 정도의 차이는 있을지라도 몸의 노쇠는 누구도 피할 수 없다. 그래서 늙어가는 사람은 세계와 겨루는 불평등한 싸움을 포기하고 침잠한다. 바람에 날리는 깃발을 들고 퇴각하는 날, 적대적으로 변한 세상에 완전히 패배하는 날은 누구에게나 찾아온다. 죽음처럼 확실하게. 이날은 죽음의 예고일 따름이다.

늙어감의 기본 상태라는 게 있다면 이 상태는 비참함과 불행함이라는 단어로 어느 정도 압축해서 표현할 수 있으리라. 비참하다는 말은 어떤 고통이 치유될 수 없을 것이라는 어렴풋한 의식이 가져다주는 답답함이다. 그리고 불행함이란, 그것을 전적으로 인정하지 않으려 하면서도 실존의 공간을 채우는 어떤 '확신'이다. 곧 생생한 아픔을 주는 병을 의학이라는 견지에서 회복하기는 했지만, 살아가는 형편이 예전보다 훨씬 더 곤궁해졌다는 떨치기 힘든 확신. 여기서도 자기 소외와 그래도 자신을 믿고 싶다는 자신감, 자아 권태와 자아 중독이라는 애매모호함이 우리를 사로잡고 놓아주지 않는다.

이런 애매모호함에 사로잡힌 늙어가는 사람은 언어를 통한 생각의 차원에서 늘 이런 물음을 강조한다. '이게 나이어야 해?' 늙어가면서 늙음을 통해 아픈 사람은 거울을 보거나 걷거나 달리거나 산을 오르며 이렇게 묻는다. 그리고 거듭 세상이 자신을 거부하는 적이 되어버렸음을, 자기 자신을 떠받들고 있던 몸이 자신에게 부담을 주며 그 자체로 짐인 몸통이 되었음을 경험한다. 그러나 젊은 시절을 이미 살아버린 사람의 깊은 내면, 아직 무어라 이야기되지 않은 깊은 내면에는 여전히 자아 탐색과 자아 중독이 지배적이다. 본래적인 심경의 변화는 거기서 이루어진다. 몸이 세계를 금지시키는, 그래서 심술궂을 정도로 몸에 집착하도록 강제하는 그 늙음 탓에, 사람은 결국 그 무엇도 아닌 '몸'이 되고 만다. 거역할 수 없이 '죽어가는 껍데기'가 되고 만다. 이 껍데기를 뒤집어쓴 늙어가는 사람은 안으로부터 발가벗겨지며, 이 껍데기를 자신과는 상관없는 외부라고 느낀다. 그리고 임박한 죽음을 살인이라며 몸서리친다.

노화 과정에서 빚어지는 자아 분열의 첫 단계는, 정신적 자아라는 의식의 에고가 다시 자신을 회복하기 위해 껍데기를 벗어버리려 원하는 단계다. 이때 정신적 자아란 무슨 선험적 자아*와 같은 거창한 것을 말하는 게 아니라, 그저 모아진 시간이며, 이 시간의 기억으로 자신의 정체성을 지키는 자아를 말

* Transzendentales Ich. 칸트 인식론의 핵심을 이루는 개념이다. 자아가 어떻게 자신을 벗어나 대상을 알 수 있는지 그 조건을 묻는 자아를 칸트는 '선험적 자아'라고 했다. 곧 경험에 앞서 이 경험을 가능하게 만드는 조건을 묻는 자아이다.

"젊은 시절을 이미 살아버린 사람의 깊은 내면,
아직 무어라 이야기되지 않은 깊은 내면에는 여전히
자아 탐색과 자아 중독이 지배적이다."

렘브란트, 〈자화상〉, 1688년경, 발라프 리하르츠 미술관, 쾰른.

한다. 밀하자면 기억으로 구성된 자아가 정신적 자아다. 정신적 자아는 가짜 자아, 껍데기인 자아라는 자신의 느낌에 저항한다. 물론 이 껍데기는 겉포장일 뿐만 아니라 내면이라는 요소도 가진다. 이를테면 사촌이 땅을 사서 배가 아프다거나, 흥분으로 주체할 수 없이 뛰는 심장 같은 것은 정신적 자아를 드러내주는 표현이다.

A는 아마도 이렇게 말하리라. "이 빌어먹을 몸뚱이 좀 평안하게 내버려둬!" 이로써 정신적 자아는 견디기 힘든 시기심이라는 짐을 벗어던지려 시도하며, 밖으로는 누군가에게 망할 놈으로 비치는 것을 거부한다. 그리고 실제로도 노화 과정은 물질화와 실체화의 과정이다. 갈수록 나빠져가는 신진대사는 생리작용 전체를 망가뜨리고, 외적으로 알아볼 수 있으며 주관적으로 감지할 수 있는 '찌꺼기'가 되어버리는 상황을 빚어낸다. 아마도 물리학이라는 개념 세계를 존중해주면서도 거리를 두고 말한다면, 노화 과정에서 몸은 갈수록 질량이 되며, 갈수록 에너지를 잃는다고 말할 수도 있으리라. 노약자가 자신 안에서 감지하는 이 질량은 늙은 나에게 반항하는, 즉 시간으로 보존되었으며 내면으로 구성되는 자아에게 반항하는 적대적인 '새로운 자아'다. 정말이지 낯설며, 언어의 그 정확한 뜻에서 '혐오'스럽기만 한 게 이 늙은 '새로운 자아'다.

그러나 우리를 안으로부터 집어삼키는 혐오감은 언제나 같은 상태로 머무르는 게 아니다. 시간의 축적으로도 존재하며 갈수록 더욱더 시간으로 변모하는 늙은 자아(세계와 공간은 갈수록 멀어지니까)는, 불신에 시달리는 신사처럼 새로운 자아,

곧 부담스러운 몸으로 물질화하는 자아와 일종의 협약을 맺는다. 결국 이렇게 해서 자아라는 '시간 기억'과 자아라는 '몸'은 현재의 심히 기묘한 공생관계에 이른다. 늙어가는 사람이 자신의 새로운 자아를 대하는 예민한 태도는 이렇게 해서 생겨난다. 그 태도는 기괴하면서, 자기 권태를 결코 이겨내지 못하며, 거꾸로 권태를 강조하기만 한다.

A는 아픔으로 쓰라린 부위를 더듬거나, 또는 넋이 나간 눈길로 자기 다리의 갈수록 거칠어지는 피부를 노려본다. 그가 불분명하게, 그러니까 선명한 언어로 조금도 생각을 담아내지 못하며, 더할 수 없이 애매한 나머지 모순이라 느끼는 것은 이를테면 이런 것이다. 아이고, 불쌍한 위장아, 늘 충직하게 봉사하며 내가 먹는 모든 걸 소화해 몸의 체액이 마르지 않도록 노력해왔건만 나는 네 존재조차 느끼지 못해 너를 알지 못했구나! 너 가엾은 다리야, 나를 이끌고 거리로 산으로 포장도로로 다니거나 자동차 가속 페달을 밟느라 수고를 아끼지 않았구나! 그러나 이제 너희는 시간과 일로부터 떼어져 더는 예전 같지 않으며, 심장과 마찬가지로 둘 다 피곤한 나머지 계단을 오를 때 단숨에 두 계단을 뛰어오르도록 내게 허락하지 않는구나.

비참한 다리, 따라주지 않는 심장, 반항하는 위장. 한마디로 아프도다. 나는 너희를 어루만지며 지켜주려 안간힘을 쓰고 동정해마지않으면서도, 할 수만 있다면 몸으로부터 떼어내거나 끄집어내 바꾸고 싶은 마음이 간절하다. 내 다리가, 내 심장이, 내 위장이 곧 나인 동시에 내 것이 아니라고 부정하고픈 생각. 나는 나의 모든 살아 있는 세포다. 그러나 이 세포는 끊임없이 새로 생겨나는 탓에 동시에 내가 아니다. 나인 동시에 내가 아니라는 이런 생각은 하는 것만으로도 어지럽다. 나는 내가 갈수록 낯설어진다. 나의 세포에 더 가까이 가면 갈수록, 그래서 나 자신의 실체를 보면 볼수록 나는 낯설기만 하다.

비유의 언어를 빌릴 때 비로소 우리는 말할 수 있다. 물론 과학의 탐구정신은 그런 비유의 언어를 애매하다며 거부하리라. 그러나 지금 우리의 고찰에는 좋든 나쁘든 비유의 언어만 쓸 수 있다. 비유컨대, 나는 몸을 통해 늙어가면서 몸을 적대시하는 나다. 젊었던 시절 나는 몸을 등한시하면서도 몸과 더불어 나였다.

노화라는 단계를 거치며 노인의 군단으로 들어가면서 나는 오로지 몸으로 남을 뿐, 그 밖에 아무것도 아니다. 이 몸은 갈수록 에너지를 잃어가며 질량이 되어버려 결국 나는 더는 나일 수 없다. 이 몸은 요소가 파괴되어가는 실체에 지나지 않는다. 노화란, 유행어를 빌려 써본다면, 변증법적 격변의 순간이다. 파멸을 막아보려 안간힘을 쓰는 내 몸의 양量은 변형된 나라는 새로운 질質이 되어버린다.

그래도 우리는 인간인가? 그럼 뭐가 우리를 인간으로 만드는가? 한밤중에 치통 때문에 깨어난 A는 격렬한 통증의 집이 인간의 본질이라고 생각한다. 아마도 잇몸에 생겨난 염증으로 박테리아가 턱뼈로 침투해 일으키는 골막염이 그 원인이리라. 나를 엄습한 통증은 워낙 격렬한 나머지, 인공 치아를 위한 브리지를 걸어놓은 진짜 치아를 뽑아야만 한다. 그럼 치과의사의 공들인 작품이 무너지면서 치아가 없어 조글조글해진 입으로 불평을 중얼거리며 일찌감치 노쇠한 모습으로 세상을 떠돌아야만 하리라. 안타깝기 그지없는 일이다. 물론 아마도 가장 편안한 방법은 틀니를 하는 것이리라. 그렇지 않아도 심하게 물질화한 몸은 극단의 물질화에 내몰리고 만다.

내가 무수히 늘어온, 다소 정도의 차이를 보이는 농담으로 미루어 알 듯, 틀니는 비극적이지 않다. 다만 우스꽝스러울 뿐이다. 젊었을 때 당신은 나를 깨물곤 했잖아, 하고 애욕에 굶주린 여인은 밤에 남편의 가슴을 파고든다. 그러나 남편은 그날의 과중했던 업무를 두고 투덜거리며, 아내의 곤궁한 애욕을 한사코 무시하려고 한다. 그래도 여인이 포기하지 않고 남편에게 다시금 자신을 유혹해달라고 요구하자, 남편은 체념한 듯 덧붙인다. "알았어, 알았어, 내 치아를 줘."All right, all right, give me my teeth. 이게 그 우습다는 농담이다.

A는 농담을 웃어넘길 수 없다. 그는 틀니가 광야의 리어 왕만큼이나 비극적이며, 더는 고기를 씹을 수 없는 사람은 참담한 불행에 빠질 수밖에 없다고 생각하기 때문이다. 인생은, A가 턱뼈에서 느끼는 격심한 통증의 집인 것만이 아니다. 그는 치과의사가 어디에 드릴을 들이대는지 모르면서도 절박한 목소리로 거기가 아니라고, 그곳은 통증 부위가 아니라고 호소한다. 이런 관점에서 인생은 경멸의 교수대이기도 하다. 빈곤이 수치이며 대다수 관광객이 남루한 옷차림의 농부를 보며 욕지기를 느끼는 것처럼, 몸의 쇠락 역시 부끄러운 일일 따름이다.

세계, 여기서 사회라는 복합체를 뜻하는 세계는 그 시퍼런 눈길로 지켜보는 가운데 우리의 처지를 용서하려 하지 않는다.

불질화 과정을 치러내며 우리에게 남는 것이라고는 좋은 의학 치료와 악의적 농담뿐이며, 이는 개인에게 시달림을 당하고 싶지 않은 사회가 지어낸 것이다. 그러나 한밤중 침상에서 일어나 한 잔의 물로 해열진통제를 먹는 A는 세계, 산, 계곡, 거리, 이웃 그리고 재담꾼을 포기하고 몸의 쇠락을 이끄는 통증을 감당해낼 수 있다고 생각했다. 그러나 아무렇지도 않게 구는 행동, 예컨대 한밤중에 찌르는 것만 같은 치통으로 깨어났으면서도 의연하게 '틀니를 하면 되지' 하고 여유를 보이는 행동은 허튼짓일 뿐이다. 자신의 아픔을 애써 외면하고, 남자다운 강함이나 여성스러운 인내의 손짓으로 '그렇게 심하지 않아, 별것 아니야' 하는 식으로 아픔을 무시하는 용감한 이들은, 몰락이라는 가슴 아프게 만드는 연기演技로 쓰라림을 맛보고 싶어 하지 않는 사회로부터 명예를 선물받기는 하리라. 그러나 자신의 아픔을 부정하고, 자신의 본래 모습을 인정하지 않는 사람은 결코 자아 발견에 이르지 못한다.

아픔으로, 무엇보다도 늙어가면서 일상을 감당하기 힘든 쇠약함으로, 비로소 고스란히 몸이 발견된다. 몸은 생생한 아픔 그대로이며 더는 세계와 공간으로 나아가 그 안에서 녹지 않는다. 몸은 있는 그대로의 나인 동시에, 늙어가는 사람이 자신 안에 켜켜이 쌓아놓은 시간 바로 그것이다.

그래서 지금 진통제를 삼키고 고통과 나아지기 바라는 마음 사이에서 공중부양 상태를 겪는 A는 고통으로부터 해방될 수 있을 거라는 기대 아래 이 유예된 시간을 이용해 치통을 감당하며 성찰을 해보기로 결심했다. 치통을 떨쳐버렸으면 하는 희망, 또는 그냥 치통과 더불어 지내거나 건강한 이웃의 집에 열린 문틈 사이로 슬쩍 치통을 들여보냈으면 하는 바람은 간절하다. 그래도 턱뼈의 얼얼함은 여전하다. 내일이면 아무래도 다른 사람처럼 치과의사를 찾아가겠지. 의사는 집게를 놀리는 손으로 뭔가 뽑아내며 그 대용물로 낯선 물질의 연장실체●를 심어 나를 구원해주리라. 그럼 나의 자아라는 느낌은 더욱 끌어올려지지 않을까. 내 살의 자기 부정으로 내 살이 실현되는 느낌이랄까. 그것은 자아의 상실인 동시에 자아의 성장이기도 하다. 말하자면 관습적인, 상당히 추상적인 자아를 내어놓으라는 요구를 마지못해 받아들이는 셈이다. 아무런 아픔 없이 잠들고 내일이면 다시 세상에 속해 그 세상의 일부로 살아가는 추상적인 자아는 치통이라는 아픔으로 사라지고 만다.

아픔과 질병은 몸이 쇠락하며 벌이는 축제다. 몸은 자신과 나에게 이 축제를 베풂으로써 나라는 자아는 이 축제에서 오롯이 모습을 드러낸다. 이는 자아의 성장에 불을 붙이는 과정이기도 하다. 물론 나라는 자아가 행사하는 몸의 기능은 떨어지지만, 동시에 나의 직접성, 곧 내 자아의 자각은 늘어난다.

해열진통제가 효과를 보이며 아픔이 줄어들기 시작했다. A는 안도의 한숨을 쉬며 골치 아팠던 아픔의 도취로부터 빠져나왔다. 약을 삼키며 아픔으로부터 자유로워지기를 희망하는 마음으로 물을 마신 순간, 자신을 사로잡았던 아픔의 도취로부터 정상적 반응의 영역으로 되돌아온다. 고통으로부터 해방된 모든 사람과 마찬가지로 A는 구원받았다. 몸의 어딘가가 아프다는 것은 끔찍하며, 다시 떨쳐버린다는 것은 좋다.

● Res extensa. 세계의 존재를 사유실체Res cogitans(생각)와 연장실체(사물)로 나눈 데카르트의 개념.

82

A는 치통으로 얻었던 자아 확인을 아쉬워하지 않는다. 아픔이라는 짐을 떨쳐버린 지금, 신체의 손상, 그 신호가 치통이었던 신체 손상으로 다시금 자기 소외의 감정이 들어선다. 도대체 나는 무엇이 되어버렸는가? 그는 이런 물음을 품으며 무거워진 눈꺼풀로 잠이 엄습하는 것을 느낀다. 치아가 상해버린 인간, 침투해 번지는 세균에 저항하지 못한 유기체는 잠에 빠져드는 것을 물리칠 수 없다.

늙어가는 인간. 내일이면 치과의사, 집게, 틀니라는 형태로 빚어질 내 몸의 극단적인 물질화에 나는 많은 돈을 어쩔 수 없이 내놓아야만 하리라. 고통으로부터 구원받기는 했으나 이내 다른, 더 나쁜 아픔이 틀림없이 찾아올 것임을 알면서도 잠에 빠지는 나는 여전히 존재하는가? 그게 나인가? "내게 내 치아를 다오." Give me my teeth. 그래야 끝나기 전에 끝내주리니. 이 무슨 허망한 와해인가. "잠은 좋다, 죽음은 더 낫다"고 말하는 것은 아무 의미를 가지지 않는다. 최선은 절대 태어나지 말았어야 한다는 것이다. 그러나 이것은 수학의 논리조차 무너뜨리는 공허한 공식이다.

치통으로 괴로워하는 사람은 잠을 자게 내버려두자. 잠결에 불확실해진, 자신을 포기하는 생각은 우리를 더 도와주지 않는다. 어쨌거나 우리가 상상으로 그려본 인물의 한밤 체험을 넘어서서 확인할 수 있는 점은 이렇다. 자아 발견과 자기 소외의 묵묵한 대화에서, 늙어가는 사람이 비참함과 불행함으로 경험하는 이 두 가지 가운데 전면에 서는 것은 자기 소외다. 아픔으로 물든 몸의 실체화로 빚어지는 자아 성장은, 그게 비록 언제나 특정한 증상에서 읽어낼 수 있는 것이기는 할지라도, 그 자체는 극히 드문 순간에만 체험되기 때문이다. 어떤 A가 근심스럽게 아픈 사지를 만져본다거나, 자신의 아픔을 두고 길고 장황하게 이야기하는 기분 나쁜 습관을 키웠다는 것을 자각한다거나, 꼼짝도 하지 않고 자기 혐오감에 몸을 맡겨 혐오 자체가 되어버리는 드문 때에만 자아 성장은 체험될 뿐이다. 이런 체험을 생각으로 분명히 정리해내는 것은 다만 새롭게 생겨난 자아를 바라보며 느끼는 낯섦일 뿐이다.

소외라는 이 낯섦의 감정을 어떻게 언어로 표현하는 게 좋을지 찾으면서, 늙어가는 사람은 아마도 연장실체가 그를 지배할 힘을 얻었다고 생각하리라. 그래서 자신은 이에 저항하기 위해 사유실체로 변신하기 위해 노력해야만 한다고 여기리라. 달리 말해서 그는 아마도 몸이 권력을 차지하는 것에 저항하는 것은, 저항해야만 하는 것은 '정신적 자아'이며, 이게 진정한 자아라고 생각하리라. 그래서 도발적이고도 의기양양한 태도로 "나는 천식 때문에 인생을 금지당하지 않을 거야" 하고 외치리라. 천식에 대항하며, 연장실체를 거부하고, 자신의 몸을 받아들이지 않으려 할 게 틀림없다. 그렇다면 '그'는 도대체 누구인가?

정작 연구해야 할 문제는 연장실체와 사유실체라는 데카르트의 구분이 가장 깊은 층까지 샅샅이 살아낸 현실과 정말 맞아떨어지는지 하는 물음이다. 아무래도 연장실체와 사유실체는 서로 떼어낼 수 없는 하나이며, 바로 이 '고통의 경험' souffrance vécue에서 둘을 갈라놓으려는 어떤 시도에도 성공적으로 저항할 수 있어야 하지 않을까? 고백하건대 이런 성찰에서 나는 불확실하게 앞을 더듬어 나아가기만 할 뿐, 이런 연구를 감당할 처지가 아니다. 그럼에도 철저히 연구해야 할 물음은 '자아가 아닌 것', 단순한 물질로서의 몸일 뿐인 '비非-자아'에 대항하려 허리를 곧추세우는 (강조를 위해 큰따옴표를 붙인) "진정한 자아", 곧 사유실체로서의 자아라는 것을 정말 따로 이야기할 수 있을까 하는 문제다. 사유실체로서의 자아는 쇠락하는 몸을 비-자아라고 폄훼하며, "빌어먹을 위장"이라거나 "더럽게 아픈 다리"라고 말하길 즐긴다. 물론 자아라는 것은 이 위장과 다리 이상의 것이기는 하다. 바로 그래서 A가 치통을 온전히 자신의 고통으로 몰입하는, 그래서 본격적인 진리가 밝혀지기 시작하는 과정이 열리는 '고통의 축제'의 시간이야말로 우리가 주목해야만 하는 게 아닐까.

여기서 묘사된 것은 분명 질병과 건강이라는 개념이 가지는 정서의 기본 구조로서의 일상 경험과 모순된다. 그런 고찰은 마치 인간이 병든 상태를 추구하기라도 하는 것 같은 인상을 피할 수 없이 심어주기 때문이다. 그러나 사정이 그렇지 않다는 것은 지당한 말이다. 우리는 누구나 건강하고 싶지, 병들고 싶지는 않다. 젊다는 소리를 듣고 싶지, 늙고 싶지는 않다. 아픔으로 자아 발견을 할 기회가 주어진다고? 휘파람 섞인 야유나 들을 소리다. 그럼에도 여기서 일상 경험에서의 당연한 정상, 곧 정상적인 생각과 느낌에 호소하는 것은 별 도움이 되지 않는다. 정상이라고 하는 것은 사회가 작동하기 위해 필요로 하는 개념일 뿐이며, 우리가 여기서 시도하고 있는 것은 아마도 병적으로 비칠지는 모르지만 우리의 관심사에는 불가피한 '살아낸 주관적 현실'에 근접해보려는 노력이기 때문이다.

　우리는 한밤중에 치통으로 깨어난 A가 집게, 발치 그리고 너무도 물질적인 인공 치아에 위협받은 나머지 드릴로 뚫리는 야만을 피하고 싶어 한다는 것을 안다. 우리는 A가 치과의사의 손길을 두려워하며, 초현실주의 조각처럼 보이는 인공 치아는 더더욱 두려워한다는 것을 안다. 더 나아가 우리는 지금 이 순간 A가 자신을 낯설게 여긴다는 것을 안다. 그러나 동시에 그가 치통을 앓으며 일종의 새로운 방식으로 바로 그 자신이 되었다는 것 역시 우리에게는 못지않은 확실함이다. 작은, 비교적 무해한 고문의 한 예인 치통은 젊은이도 앓지 않는가. 그러니까 늙어가는 일이 우리에게 안겨준 부담의 한 예인 괴로움은 반드시 늙어감 때문만은 아니다. 이런 자각은 A로 하여금 그의 새로운 자아, 혹은 어떤 전혀 새로운 자아로 거듭나게 도왔다. 몸은 자신의 것인 동시에 세계의 것이다. 그래서 사회와 그 구성원은 각자 자신의 몸을 충실히 지켜야 사회가 보존된다고 강조하기도 했다. 그러나 아픔은, 사회를 위한 것이어야 마땅할 몸이 다른 누구와도 나눌 수 없는 자신의 것임을 자각하게 만들었다. 다시 말해서 그는 세계로부터 빠져나왔다.

　크레셴도, 점점 더 강하게 그는 세계가 자신의 부정임을 깨닫기 시작했다. 아픔은 자아를 새롭게 발견하게 만들었으며, 이 자아는 세계의 것이 아닌 오로지 나의 자아다. 이 경우 사회는 어안이 벙벙할 따름이다. 세계 상실이든 자아 회복이든, 치통 때문에 세금신고서조차 채울 수 없는 남자를 어찌해야 좋을

시 선혀 가늠되지 않기 때문이다.

결정적인 발언권은 누가 가질까? 늙어가는 사람에게 새로운 자아를 발견하게 해준 몸이? 아니면 사회가? 모든 구성원에게 건강한 자아이기를 강요하면서 쓸모 있는 사람이 되라고 요구하는 사회가? 사회도 아니라면 연장실체에서 떠오른 몸의 자아에 저항하는 사유실체가 마지막 발언권을 가질까? 대답하기 어려운 물음이다. 어쨌거나 우리는 진리의 순간, 곧 아픔으로 우리 몸이 바로 나만의 것임을 알게 된 그 진리의 순간에서조차 말조심을 하느라 진땀을 흘려야만 한다. 늙어가는 사람이 자신 안에 담고 있으며 기억을 통해 살아낸 시간인 '정신적 자아'는 그래도 우리 존재를 바라보는 이웃의 반응을 무시할 수 없기 때문이다. 결국 '사회' 속에서 살아가는 우리 존재가 더 강한 것이어서 우리는 에움길을 거치기는 하지만 피상적인 일상 경험으로 되돌아오지 않을 수 없으며, 위에서 그 한계를 적시한 정상으로 귀환할 수밖에 없다.

타인의 시선과 판단을 우리는 피할 수 없기 때문이다.

젊은 처녀인 A는 "나의 사랑하는 이여"Mon chéri로 시작되는 한 통의 편지를 썼다. 그러나 이 순간 그녀의 애인은 이미 더는 그녀에게 사랑을 베풀지 않는다. 그러니까 여기서 "나의 사랑하는 이여"는 사회적 정당성, 세계에서 인간 소통의 정당성을 가지지 못한 말로서 창백하게 빛을 잃어 지워져야 마땅하다. A는 늘 정갈하게 자신의 몸과 정신을 가꾸어왔지만 이제는 버림받은 여인이며, 이 버림받음이 그녀 자아의 일부다. 나중에 그녀는 쓰라리게 혹은 덤덤하게 이 버림받음을 회상하리라.

동시에 그에 앞서 보낸 승리의 나날들, 곧 그녀의 손에서 떠난 "나의 사랑하는 이여" 편지가 남자 친구의 "나의 연인이여"Ma chéri 편지로 화답을 받고 보상을 누린 나날도 떠올리리라.

이제 좋든 나쁘든 자아는 사회의 좌표이기 때문에, 관계 좌표인 남자 친구를 잃어버린 상실감은 더욱 결정적일 수밖에 없다. 병에 시달리는 노인의 자기 소외 역시 마찬가지다. 이 소외는 몸의 통증과 물질화로 이룩한 자아 발견보다 더 끈질길 뿐만 아니라, 보다 더 결정적이다. 원한다면 더욱더 현실적이라고 할까. 현실이라고 하는 것도 관계를 통해 빚어진 것이며, 동시에 여전히 변화하며 진행 중이기 때문이다. 그러니까 더욱 절박하고 안타깝게 다가오는 것은 사회에서 관계할 힘을 잃어 버린 자기 소외이다.

관계의 변화는 몸보다는 타인에 의해 일어난다. 아픔으로 괴로워하는 몸은 타인에게 속절없이 맡겨지는 탓이다. 현실의 변화는 타인에 의해 촉발되는 탓에, 타인이 없이는 일어나지 않는다. A가 자신의 얼굴에 생긴 노란 반점을 보며 느끼는 혐오감은 외부로부터 주어진 것이라는 우리의 말은 맞다. 이 말에서 거두어들일 것은 없다. 그런 변화가 변화를 겪지 않은 사람에게 혐오감을 불러일으킨다는 것은 우리가 경험으로 익히 아는 사실이다. 반면 이런 흠집은 A, 그녀의 자산과 같아 근본적으로 자신에게 아무런 역겨움을 불러일으키지 않는다. 그럼에도 세계와 인생이 덧붙여준 것은 어쩔 수 없이 받아들여야만 한다. 문제의 핵심은 근본성이 아니라, 사회가 우리에게 강제하는 사회적 자아이기 때문이다.

사회적 자아는 몸으로 직접 체험하는 자아 못지않게 우리의 본래적인 자아다. 사회는 치통과 생각의 혼란으로 괴로워하는 A를 어찌해야 좋을지 몰라 무심하게 등을 돌릴 뿐이다. 고통과 나아짐의 희망 사이의 유예된 시간에 진정한 자아를 발견한 A, 그에게 사회는 아무 도움이 되지 못한다. 그가 사회에 순응해야만 한다. 우리가 현실이라 부르는 것은 작용과 반작용, 행위와 반응이 부딪치며 긴장을 이루는 힘의 장이다. 이런 현실이 자아에게 미치는 영향은 우리가 존재하는 한, 우리를 놓아주지 않는다. 이 강요된 자아가 결국 자아 그 자체다.

만약 우리가 사회적으로 자신을 규정하는 자아로부터 떨어져 나와 몸으로부터, 그리고 오로지 이 몸이 주는 자아를 발견하고자 한다면, 우리는 특별한 종류의 자아 분리를 필요로 한다. 늙어가면서 겪는 자기 소외와 자기 신뢰라는 애매모호함. 여기서 우리는 그 어떤 순간에도 늙어감이라는 게 일종의 고통이며 아픔으로 경험된다는 사실을 잊어서는 안 된다. 이 애매모호함은 한편으로 우리 몸을 죽어가는 껍데기로 느끼면서, 다른 한편으로 이 껍데기가 말하자면 계속 자라난다는 데서만 성립하는 게 아니다. 이 애매모호함은 아픔으로 괴로워하는 몸, 곧 '몸 자아'가 사회와 겪는 모순에서도 나타난다. 이 몸 자아는 옷인 동시에 옷이 입혀진 몸통이다.

A는 자신의 노쇠한 몸을 이끌고 어디로 가야 할지 모른다. 치통을 일으키고 다시금 발치를 해야만 하는 몸을 가지고 어디로 가는 게 좋을까. 물론 이 아픔을 받아들이고, 그가 아마도 '깨달음'이라고 부른 그 어떤 것에 이르기는 하리라. 그러나 그

런 깨달음은 아무도 지켜보지 않는 한밤중이라야만 가능하다. 사회가 아픔으로부터 해방된 밝은 감각으로 세금신고서를 쓰라고 요구하기 때문에만 그런 게 아니다. A는 세계로부터 거부당한, 즉 세상으로부터 몰려난 치아 없는 자아를 받아들일 수가 없다. 지금 그를 위협하는 지아 잃은 자아를 인정하고 싶지 않다. 그 자신이 '세계'이며 사회이면서, 바로 이 사회의 눈으로 자신을 바라보기 때문이다. A는 사회가 그를 느끼는 그대로 자신을 느낀다고 믿는다. 바로 그래서 튼튼한 치아를 자랑하던 젊은 시절로부터 이끌어낸 자신을 지키며, 한밤중에 얻은, 그가 "진정한 자아"라고 부른 그 다른 자아는 무슨 대가를 치르고서라도 떨쳐버리려 안간힘을 쓴다.

과거로부터 우리는 어떤 자아를 늙어감이라는 것으로 끌어들일까? 열 살에 우리는 교실 의자에 앉아 있었다. 스무 살 때는 처녀에게 키스를 했다. 서른 살 때는 직장 동료의 질투 어린 시선을 받으며 승승장구했다. 마흔 살 때는 여전히 여자의 마음을 사로잡을 수 있다는 사실에 안도감을 느꼈다. 그때마다 우리는 다른 모습을 가진 자아였다. 늙어가며 우리는 어떤 자아에 매달릴까? 확실히 알든 아니면 그저 상상하는 것이든, 어떤 자아에서 이전이나 이후보다 더 바로 우리 자신이라고 여길까?

어떤 이는 젊어서 숱이 많은 굽실한 머릿결을 자랑했다. 그러나 지금 그는 대머리가 되었고 양쪽의 구레나룻에 희끗한 털을 그림처럼 아름다운 머리 장식으로 자랑스레 선보일 따름이다. 어떤 여인은 서른 살 때 풍만한 가슴으로 남자들의 시선을 사로잡은 것을 떠올리며, 비록 쉰다섯인 지금 이미 가슴은

처졌고 가슴골 사이의 피부가 햇볕에 그을어 갈색임에도, 여전히 가슴 파인 옷을 즐겨 입는다. 그러나 진실은 다르다. 구레나룻의 털북숭이 남자는 젊어서 그 굽실한 머릿결이 아니라, 재치 있는 말솜씨 덕에 사람들의 경탄을 샀을 따름이다. 그리고 여인은 한때 그 풍만한 가슴 덕을 본 게 아니라, 영리해 보이는 눈빛으로 인기를 누렸다. 이처럼 함께 지녀온 자아 역시 사회의 산물일 뿐이며, 여기서도 다시 거두어들일 것은 없다. 그렇지만 우리는 기억을 통해 우리의 사회적 자아를 재형성하거나 새롭게 해석했다. 자신의 본래적 자아라고 고집하며 늙어 쇠약해지는 나를 한사코 부정하려는 젊은 시절의 자아는, 많은 경우 실제로는 전혀 존재하지 않았다. 젊은 시절의 자아를 떠올리며 노란 반점이나 치통을 앓는 나를 낯설고 끔찍한 것으로 여기는 태도는 그러니까 일종의 환상일 뿐이다.

우리 자신을 낯설게 그린 그림은 애매한 통계적 현실에 지나지 않는다. 500명의 타인이 나에게 반감을 보였다. 50명이라는 소수만이 나를 좋아했을 뿐이다. 그러니까 나는 큰따옴표로 써야만 하는 "현실"에서 비호감일 따름이다. 우리는 통계를 전혀 알지 못한다. 다만 우리의 사회적 자아는 타인의 시선에 의해 형성되었을 뿐만 아니라, 상당 부분 단순한 짐작으로 생겨났다는 게 끔찍할 뿐이다. 우리가 매일 경험하며 그 앞에 허리를 숙이는 사회적 자아라는 현실은 결국 한밤중에 치통을 앓는 A의 자아만큼이나 의심스러운 것이다. 많은 경우 잘 알지 못하는 통계에 맞추려 노력해왔으나, 통계는 절대 믿어서는 안 될 것이다.

우리는 늙어가며 우리 자신이 낯설어진다. 주어도 술어도 불분명한 상황에 처한다. A는 거울 앞에 서서 머리를 절레절레 흔들며 말했다. "저건 더는 내가 아니야." 이 문장에서 A는 주어도 술어도 알지 못한다. 나는 누구이며, 내가 아닌 나는 또 누구인가.

낮과 밤이 여명 속에서 맞물리듯이

그런 성찰로 이끌어낼 수 있는 귀결은 노화의 고통 탓에 나의 자아가 무수히 분열해버린다는 점이다. 내가 가진 몸으로, 다른 한편으로는 고통스럽게도 '나'를 가진 타인으로, 사유실체와 연장실체로, 기묘하게도 더불어 사는 이웃들의 반응으로 추론해낸 '나', 곧 살아진 시간으로 보존되는 '나'와 매일 변화하며 늙어가는 '나'로의 분열은 정말 불가사의하며 기이한 결론이 아닐 수 없다. 우리 내면의 가장 깊숙한 곳을 감지하려는 노력에서 비롯된 이런 결론은 쓰라리게도 '살아진 나'라는 자아가 진정한 정체성을 가지지 않았다는 사실에 눈 뜨게 만든다. 사람들은 이런 말을 무가치한 생각놀음쯤으로 무시하리라. 나의 분열은 매 순간 나의 연합으로 버려지고 극복되는 것처럼 보이기 때문이다.

내가 진짜 실재하느냐는 물음은 가짜 물음이다. 자아를 느낌의 다발로 보는 에른스트 마흐[●]의 명제가 가짜 명제이듯이. 다발로 묶는 것은 그 다발의 개별적 요소들 자체를 없는 것으

● Ernst Mach(1838~1916). 오스트리아의 물리학자이자 철학자. 실증주의에 바탕을 둔 경험비판론을 주장해 논리 실증주의에 큰 영향을 준 인물이다. 자아를 감각의 다발로 보는 태도는 이 실증주의를 대변한 것이다.

로 만들어버리기 때문이다. 우리는 정당하고도 충분한 의미로 "나"라고 말한다. 거울 앞에 서서 고개를 절레절레 저으며 나를 의심할지라도, 한밤중에 아픔에 시달리면서도 그 아픔에 담긴 나를 이루는 힘을 믿으며 그래도 나는 있다고 다짐한다. 그러나 우리가 그리는 우리 자신의 그림은 혹시 사회가 강요한 것은 아니었을까? 도대체 내가 그리는 나의 모습이 가상이 아니라는 것을 어찌 아는가?

결국 우리를 우리이게끔 구분해주는 것은 피부 표면일 따름이다. 피부라는 경계의 안쪽에서 일어나는 것이 바로 나이며, 그 바깥은 타인이다. 현상학의 지각 방식은 안과 밖이라는 대립을 인정하지 않는다. 그래서 공간은 우리의 내면이 표출되는 곳이며, 내면은 공간을 포괄한다. 그러니까 존재하는 나는 나의 내면인 동시에 내 공간세계이기도 하다. 그러나 현상학의 이런 지각 방식은 살아온 나라는 핵심을 건드리는 것 같으면서도 비켜나간다. 우리가 '직접적으로 살아온 것'이라는 층 안에서 '우리'인 동시에 '세계'라는 말은 맞다. 그러나 동시에 그 층 안에서 우리는 다시 분열한다. 생활세계에서 생각을 통해 나 자신을 재구성해보려는 시도는 논리학의 기본 법칙을 깨뜨린다. 이게 바로 우리가 겪는 비참한 촌극이다. 같으면서 동시에 다르다는 애매함은 이율배반이기 때문이다.

그렇지만 논리적 모순일지라도 받아들이지 않을 수 없다. 우리가 처한 운명을 두고 성찰할 때, 부조리함과 혼란스러운 생각에 빠질 위험은 피할 수 없다. '늙어감'은 우리에게 그런 성찰을 피할 수 없게 만들며, 또 성찰을 감당할 능력도 준다. 논리는 세계를 모사하려 안간힘을 쓰지만, 세계는 늘 논리로부터 멀리 달아나지 않는가.

이미 인생의 정점을 찍고 넘어선 우리는 비탈길을, 갈수록 가팔라지는 비탈길을 더욱더 빠르게 걸어 내려간다. 모순으로 점철된 세상을 극복하고, 논리로나마 더 나은 세상을 그려보려 했던 사색은 이제 더는 우리의 몫이 아니다. 죽음이라는 근본 모순이 우리를 기다리며 논리적으로 말이 되지 않는 명제를 말하게끔 강요한다. "내가 더는 존재하지 않는다면" 하는 조건절이 말이나 되는 소리인가? 없는 내가 무슨 조건을 다는가? 죽음은 애초부터 우리 안에 숨어서 애매함과 모순이 생겨날 여지를 끊임없이 만들어낸다. 나는 나인 동시에 내가 아니다. 피부 안에 갇힌 나는 동시에 이 경계가 계속 유동적으로 변하면서도 없어지지는 않는다는 점을 경험한다. 나는 나 자신이 낯설어지고 더욱 믿음직스러워진다. 이제 아무것도 지당하지 않다. 내가 존재한다는 명증성을 더는 믿을 수 없다.

자기 소외는 존재 소외가 되어감에도 우리는 매일 하던 대로의 것을 충직하게 따라야만 한다. 종합소득세 신고서를 쓰고, 치과의사를 찾아간다. 세계는 늙어가는 우리를 부정한다고 말하지 않았던가? 이런 애매함과 모순됨에서 보자면, 부정은 곧 우리 자신의 긍정이라고도 말할 수 있어야 하지 않을까? 낮과 밤이 여명 속에서 서로 맞물리듯이.

타인의 시선

사회적 연령, 타인의 시선으로 정의되는 나

중년의 독자에게 추천할 만한 소설로 장루이 퀴르티*의『라 콰랑탱』이 있다. 대작은 아니지만, 적잖은 성찰을 하게 만드는 이 책은 인생의 정점에 서 있는 두 쌍의 부부가 겪는 운명을 그린다. 작가는 제목 '콰랑탱'quarantaine에 담긴 이중의 의미를 아주 재치 있게 살려낸다. 이 단어는 마흔 살에서 쉰 살 사이의 연령대를 뜻하는 한편, 젊지 않은 사람에게 내려진 위생상의 격리를 의미하기도 한다.

시골 변호사 앙드레는 피레네 지방의 걸출한 명문가 출신으로 넉넉한 재산과 더불어 전통에 빛나는 정신문화를 자랑하는 인물인데, 오랜만에 다시금 파리를 찾았다. 딸린 가족도 없이 혼자 떠난 여행이었다. 50대 초반의 이 남자는 리츠 호텔에 여장을 풀어, 혼자만의 단출한 여행이지만 이 값비싼 호텔에 묵는 감상으로 마르셀 프루스트에게 경의를 표했다. 그는 샹젤리제의 리도Lido라는 버라이어티 극장을 찾아 첫날 저녁을 즐겼다. 아가씨들은 아름다웠고, 재즈는 좋았다. 나중에 그는 홀로 자신의 호텔 방에 앉아 방돔 광장을 내려다보았다. 그가 파리를 오랫동안 보지 못한 사이, 광장은 흡사 자동차 경기장을 방불케 하는 모습이 되어 있었다.

다음 날 저녁에는 연극을 한 편 보기로 했다. 비평가들이 격찬한 브레히트 학파의 작품◆이다. 공연 도중 지루함을 참기

●   Jean-Louis Curtis(1917~1995). 프랑스의 작가이자 번역가이며 레지스탕스 투사. 1947년에 『밤의 미로』Les forêts de la nuit로 공쿠르상을 받았다. 전부 30편이 넘는 작품을 발표했으며, 프랑스 문학의 전통에 충실했다는 평을 들었다. 본문에서 언급한 『라 콰랑탱』La Quarantaine은 1966년에 발표한 작품이다.

◆   Bertolt Brecht(1898~1956). 독일의 극작가이자 시인이며 연출가. 철저한 현실 비판과 풍자로 독특한 작품을 자랑한 작가다. '브레히트 학파'의 작품이란 브레히트의 작품을 따른 연극을 말한다.

어려웠다. 어제만 해도 아직 형태를 갖추지 않았던 지루함, 자신의 입으로 인정하기 싫었던 지루함이 고개를 들고 떠날 줄 몰랐다. 2막이 끝나기 무섭게 그는 불쾌한 기분으로 극장을 나왔다. 산책을 하려 했으나 이마저 뜻대로 풀리지 않았다. 역한 냄새로 숨쉬기조차 힘들게 하는 배기가스 낫에 벌써 몇 주째 기대해온 산책은 생각할 수 없는 노릇이었다. 카페로 들어가 쉬려 했으나 이마저 무망했다. 실내에도 정원 쪽에도 자리는 없었다. 그 정도쯤이야 얼마든지 감수할 수 있는 A였다. 다만 자신이 투명인간이 된 것만 같은 느낌이 갈수록 짙어지는 통에 견디기 힘들었다. 그에게 신경을 쓰는 사람은 아무도 없었다. 이 도시에서는 스물다섯 살 이상은 사람 취급을 받지 못하는 모양이라고 그는 생각했다. 다음 날 아침 그는 깊은 실망감에 사로잡혀 도시를 떠났다. 몇 주 뒤 그는 심장마비를 당했다.

그런 일이야 얼마든지 있을 수 있지 않느냐, 앙드레의 경우는 극히 개인적이라 그 동년배의 절대 다수에 적용하기는 어렵다, 누구도 주목해주지 않았다거나 투명인간 취급을 당했다는 그의 기분은 지극히 개인적이고 우연한 언짢음이다, 하는 따위의 설명은 얼마든지 가능하다. 아마도 그전부터 몸 상태가 좋지 않아 그랬을 수도 있다. 물론 그렇게 말할 수 있다. 그러나 반론도 만만치 않다. 그가 파리에서 겪은 굴욕은 그 개인의 여러 우연한 상황과 거의 관련이 없으며, 오히려 시대의 사회적이고 경제적인 요구, 곧 물질의 생산과 성장만 요구하고 재촉하는 시대 분위기 탓에 오로지 젊은이만 일하고 놀 수 있다는 식의, 말하자면 아이돌 숭배가 사회의 지배적 흐름으로 자리 잡아 강요된 굴욕이라는 논리도 무시할 수 없는 무게를 지닌다.

사회의 여러 정황이 이를 웅변한다. 신문의 구인광고 같은 단순한 간행물에서 얼마든지 확인할 수 있다. 편집장, 국장, 책임 엔지니어 등 풍부한 경험과 노련한 솜씨를 필요로 하는 전문가를 찾는다고 하면서, 20세기 후반부에 이르자 구인광고는 늘 마흔 줄을 넘지 않은 '매니저'를 요구한다. 그렇다고 늙어가는 사람과 이미 늙은 사람이 직업적 요구를 감당할 솜씨가 없어서 그런 것은 아니다. 아니, 전혀 그렇지 않다. 전문성과 차분함이라면 오히려 이들이 더 뛰어나다. 그럼에도 갈수록 노인들이 많아지는 오늘날의 사회는 나날이 노인을 어찌 다뤄야 좋을지 몰라 갈팡질팡할 따름이다.

우리가 함께 생각해봐야 할 문제는 사회적 연령 일반이다. 사회적 연령이란 타인의 시선이 우리에게 측정해주는 것이다. 더 나아가 개인인 우리는 타인 없이는 살 수 없지만, 또한 더불어 살 수도, 타인을 거부하며 살 수도 없는 기묘한 운명을 감당하며 살아간다. 인간의 이 부조리하고도 모순된 근본 상황을 다스릴 수 있는 유일한 방법은 자기 소유의 재산을 다루는 것일 따름이다. 세계를 나의 재산으로 삼을 수만 있다면! 그러나 여기서 또한 분명히 새겨야 할 점은, 세계와 재산은 남과 그 소유 여부를 놓고 끝없이 다툼을 벌일 때에만 주어진다는 사실이다. 이 모순 역시 우리 존재를 왜곡시키는 다른 많은 모순과 마찬가지로 늙어서야만 비로소 온전하게 의식된다.

다시 한번 묻자. 사회적 연령이라는 게 무엇인가? 모든 인간의 인생에는 자신의 현재 상태가 어떤 것인지 발견하게 해주는 일종의 점과 같은 시간이 있다. 수학적으로 보다 더 정밀한 표현을 하라고 시비를 거는 사람에게는 '점의 이웃'과 같은 것이라고 말해주어야 하리라. 돌연 당사자는 세계가 그에게 미래의 신용을 더는 인정해주지 않으려 하는, 아예 미래 자체를 인정해주지 않으려 하는 지점이 있다는 것을 알아차린다. 그러니까 달라질 가능성 자체를 인정하지 않는 것이다. 본인은 자신이 여전히 가능성을 가졌다고 믿지만, 사회는 그를 보고 그리는 그림에서 그런 가능성 자체를 지워버린다. 본인은 자신의 독자적 판단이 아니라 타인의 눈에 비친 모습으로 '아, 이제 나는 잠재력이 없는 피조물이구나' 하고 여긴다. 그리고 이런 타인의 시각은 당사자의 내면에 갈수록 분명하게 아로새겨진다. 아무도 그에게 '앞으로 뭐 할래' 하고 묻지 않는다. 모두 냉철하고도 확고한 태도로 '너는 네가 할 수 있는 걸 이미 했잖아!' 하고 등을 돌린다. 타인은 이미 결산을 내리고 현재의 잔고만 확인시켜준다는 점을 당사자는 쓰라리게 경험한다. 너는 전기 기술자였으니까, 앞으로도 그것만 하고 살아. 자네는 우편배달부였으니, 부지런히 노력하고 행운도 따라준다면 우체국장은 할 수 있겠군. 이게 타인이 보이는 반응의 전부다.

A는 화가였다. 무명으로 남았거나, 대단한 성공을 거두었거나. 성공이 필생의 창작이라는 총량으로 수집되었다면, 그는 앞으로도 유명 화가 행세를 할 수 있으리라. 비록 그의 작품이 미술품 시장에서 가치 평가의 변동을 겪어 오늘날 그의 그림이 어제와 같은 높은 가격을 받아내지 못한다고 해도 유명세는 유지할 수 있다. 그러나 단 한번도 성공을 이루어내지 못해 그의

예술이 빛을 발하지 못했다면, 그는 자신의 예술적 존재의 부정인 실패한 작가라는 낙인이 찍힌 채 계속 화가이기를 고집해야만 할까? A가 어떤 사람이든 간에 앞으로 위대한 사냥꾼으로 변신하지 못한다는 타인의 단정으로 그는 좌절하고 만다. 아무튼 예전에 해보지 못한 일, 이를테면 정치가나 배우 혹은 직업 범죄자도 될 수 없다. 그가 자신의 "인생"이라고 부르는 것은 그가 어제까지 시도해왔고 포기한 일의 총량일 뿐이다. 이게 앞으로 남은 세월 역시 결정하고 만다. 결국 그의 여생은 헛되이 보낸 세월과 똑같은 모습의 지루한 반복이 될 뿐이다.

물론 죽음이 비로소 마침표를 찍어주며, 어떤 인생의 종말이 그 시초와 모든 중간 단계의 진리를 밝혀준다는 것은 맞는 말이다. 이론적으로 보자면, 연기演技는 그 연기를 완전히 소화하기까지는 절대 연기된 게 아니다. 넘어져 쓰러졌는가 싶더니 다시 툴툴 털고 일어서며, 길이 막혀 돌아가는가 싶더니 돌연 환히 열리는 전망에 감격을 맛보기도 한다. 그러니까 이 모든 중간 단계는 마지막에 가서야 그 본래적 의미를 부여받을 따름이다. 화석으로 굳어져 달리 볼 수 없던 게 사실은 인생을 살며 겪은 단순한 통과 과정이었음이 밝혀지는 것이랄까.

고갱. 어떤 은행직원은 사회가 자신에게 들이민 잔고-자아를 거부했다. 도미니카에서 맞은 그의 죽음이 은행원이던 시절을 알려주었고, 은행원이었다는 사실을 아무것도 아니게 만들었다. 얼마나 많은 고갱을 증언대에 세워야 할까?[•] 장차, 갈수록 서로 긴밀히 연결되고 서로 의존해야만 하는 사회가 되는

• 폴 고갱Paul Gauguin(1848~1903)은 프랑스의 인상주의 화가다. 생활고를 이기지 못하고 친구의 중재로 24세에서 34세까지 10년 동안 은행원 생활을 했다. 그러나 화가의 꿈을 접을 수 없어 아내의 반대를 무릅쓰고 은행을 그만두었다. 본문은 그 일화를 이야기하고 있다.

세상에서 고갱과 같이 과감하게 탈주를 시도하는 사람은 갈수록 찾아보기 어려워지리라.

잔고-자아, 사회가 계산한 결산 결과는 이제 아무 반론 없이 감수하고 내면에 새기며, 심지어 결국 스스로 요구하는 게 되었다. 인간은 사회에서 무슨 일을 했느냐 하는 바로 그것에 지나지 않는다. 이미 해낸 일을 헤아려 무게가 재어진 늙어가는 인간은 심판을 받았다. 그는 이겼을지라도 패자敗者다. 이 말은 그의 사회적 존재에 높은 시장 가격이 매겨진다 하더라도, 그 자신은 무얼 하며 인생을 살았는지 생각해본 일도, 어떤 게 진정 자신이 하고 싶은 일이었는지 도전해본 적도 없다는 뜻이다. 과감하게 단절을 시도하고 새로운 변화를 모색하는 일은 그의 지평선에서 찾아볼 수 없다. 그는 그가 살아온 그대로 죽으리라. 평생 명령만 받아온 병사로 얌전하게.

사회의 모순은 어디서 성립하는지, 이 모순을 거부할 기회에는 어떤 게 있는지 우리는 스스로 물어야만 한다. 왕성하게 활동을 벌이던 젊은 시절부터 눈치 채지는 못하지만 꾸준히 짙어져가는 합의, 곧 우리를 바라보는 사회적 판단의 합의는 그러니까 미리부터 주어져 있는 것은 아니다. 우리의 사회적 존재, 우리 존재 그 자체라 불러도 좋을 사회적 존재는 본격적인 노화의 과정에 이르러서야 비로소 서로 공방을 주고받는 가운데 그 윤곽을 드러낸다. 우리가 이야기를 하면 사회는 대답한다. 우리가 무슨 일을 하고 어떤 행동을 하는가가 사회라는 현실의 1막이다. 2막은 1막을 재조명하는 것으로, 반론 혹은 대답으로서의 행동이라는 차원이다. 우리는 작가로서 말하면 받아들여지리라는 믿음으로 작가적 표현으로써 사회에 도전한다. 우리가 활동하는 작가로 실제 영향력을 발휘하느냐는 물음은 사회가 우리의 도전을 받아들이는지 그 여부에 달렸다.

이것은 게임, 이 단어의 다층적인 의미를 고스란히 담아낸 게임이다. 목숨을 걸고 막판까지 결판을 내야만 하는, 말 그대로 순수한 싸움 또는 가진 것 전부를 거는 도박일 수도 있다. 여기서 우리는 젊음을 유지하는 한, 이기지도 패하지도 않는다. 오늘 우리가 귀가 어두운 남자의 방문을 두드리면, 지금은 아닐지라도 내일이면 문이 열리리라. 사회가 젊은 우리와 믿음과 희망을 함께 나누며, 그 어떤 이웃도 귀가 어두운 멍청한 바보로 여겨지고 싶지 않기 때문이다. 늙어가며 이미 상당히 많은 답들을 끌어모았을 때 비로소, 사회가 우리에게 나누어준 반론 목록이 이미 갖추어졌을 때야 비로소, 사회는 새롭게 주어야 할 답이 이미 어떤 것인지 확고한 틀을 세우고, 목록 잔고에 따라 자동적으로 계산한 결산을 들이민다. 그때 가서 문을 열어주지 않는 사람은 귀가 어두운 멍청이라는 비난을 감수하지 않아도 된다는 판단을 했기 때문이다. 그는 이미 그동안 우리가 해온 주장을 익히 꿰고서, 노크 소리에 반응하지 않아도 좋다는 쪽에 자신의 패를 건 셈이다. 이제 쌍방이 주고받는 대화는 단조로운 장광설로 굳어지고 만다. 이 장광설은 우리가 끝나야 비로소 끝난다. 우리는 영원히 똑같은 물음을 던진다. 듣는 답이 늘 한결같기 때문이다. 그리고 영원히 똑같은 답은 상대가 귀 어두운 멍청이로 남는 한, 달라질 수 없다.

사회의 판결을, 불투명하지만 머릿수로 밀어붙이는 조야

한 판결을 그래도 피할 가능성은 있지 않을까? 이 물음의 답을 알 수만 있다면 얼마나 좋을까. 도저히 피할 길이 없을 정도로 굳어진 판결, 늙어가면서 혹은 이미 늙어서 돌파할 수 없는 판결일지라도 떨쳐버릴 방법은 없을까? 자네는 누구인가? 정신과 의사가 환자에게 묻는다. 탈레랑.* 탈레랑은 그의 몸을 휘감은 죄수복처럼 보이는 정신병원 환자복을 입고 허청거리며 슬리퍼를 신고 나무 접시에 담긴 수프를 홀쩍거리며 마셨다. 그래도 그는 탈레랑으로 남았다. 그에게 사회의 판결은 아무것도 아니었다. 혹은 몽파르나스의 카페에 앉은 위대한 화가 A는 어떤가? 그의 이름은 어느 백과사전에도 나오지 않는다. 벌써 10년째 전시회를 열지 않았으며, 갤러리는 그의 작품을 곁방에조차 걸지 않았다. 자네는 누구인가? 나는 위대한 예술가이지만, 시장, 미술계, 유행 등 모든 게 나를 거부한다는 점을 알아주었으면 좋겠다. 모든 관련 업계를 완전히 무시함으로써 사회의 판결은 거부되었다. 다시 말해서 [화가 A는] 현실이라는 원칙을 부정했다. 탈레랑은 정신병원에 갇혀서도 현실 원칙을 인정하지 않았다. 또는 모든 관련 업계는 아니라 할지라도 화가 A처럼 업계 바닥이 좁은 경우에는 무대의 일부를 가려버림으로써 거부는 시위될 수 있다.

어쨌거나 정신병원의 탈레랑과 화가 A는 사회적 연령이라는 것을 가지지 않는다. 이들은 지칠 줄 모르고 문을 두드리며, 열어주지 않는다고 야유를 퍼붓는다. 허공을 향해 이야기하며, 대답을 듣길 포기했다. 사회는 말한다. 너희가 주장하는 것처럼 위대한 화가이고 탈레랑이라면, 우리가 이미 알고 있어

야만 하지 않느냐. 두 사람은 아예 듣지 않는다. 판결은 그들의
귀에 이르지 못했다.

소유냐 존재냐

정신병자는 그리 많지 않다. 반쯤 혹은 4분의 1 정도의 정신병
자도 그렇게 많지는 않다. 대다수는 '정상'이다. 우리의 경우
에 이는 대다수 사람들이 어떤 특정 연령에 이르러 사회의 판결
을 받아들였다는 뜻에서 하는 말이다. 젊어서 이들은 다소 정
도의 차이는 있지만 용기(물론 개인의 성향에 따른 문제이기는 하
다)를 가지고 거듭 가능한 것을 향해 나아가려 시도했다. 사회
가 아직 가능하다고 인정해주는 바로 그 가능성을 현실로 바꾸
어내려 노력했다. 그러나 노년에 이르러 그 나이는 곧 현실이
다. 나이, 곧 사회적 연령은 기억에 저장된 시간 층이나, 압박과
고통으로 손상된 몸을 세계의 상실로 경험한 바로 그 기억과 마
찬가지로 똑같은 위력을 발휘한다. 물론 이 사회적 연령이라는
것을 일반적으로 규정할 수는 없다. 시대마다, 그때그때 인간
이 사로잡혀 있는 특수한 관계 영역에 따라, 사회 구조에 바탕
을 둔 사회적 연령이 달라진다.

　　마흔셋이라는 나이로 미국의 대통령이 된 케네디*는 젊지
만, 어떤 대학교수의 마흔세 살 조교는 그렇지 않다. 또는 거꾸

●　Charles-Maurice de Talleyrand-Périgord(1754~1838). 프랑
스의 유명한 외교관으로 나폴레옹 정부의 외무성을 맡았던 인물이다.
한때 간질병을 앓아 정신병원에서 요양한 것으로 알려져 있다.
◆　John Fitzgerald Kennedy(1917~1963). 1961년에서 1963년까
지 미국의 35대 대통령을 지낸 인물. 1963년에 암살당했다.

"나이, 곧 사회적 연령은
기억에 저장된 시간 층이나, 압박과 고통으로 손상된 몸을
세계의 상실로 경험한 바로 그 기억과 마찬가지로
똑같은 위력을 발휘한다."

조르조네, 〈늙은 여인의 초상〉, 1506~1507년, 아카데미아 미술관, 베네치아.

로 이야기할 수도 있다. 마흔에 상원의원이라는 명예를 거머쥐는 데 성공한 토마스 부덴브로크는 바로 이 품위 덕에, 그리고 너그러운 아버지라는 후광을 자랑하는 통에 비교적 젊은 나이에도 이미 매우 성숙하고 거의 고령에 가까운 분위기를 풍겼다. 그의 방탕한 동생 크리스티안은 다리에 원인을 알 수 없는 고통으로 힘겨워하며, 아침 식사 때마다 샴페인을 마셔야 하는 고약한 버릇으로 결국 죽음을 맞이하게 되는데 그 임종 침상에서 그는 조로한 어린애나 다를 바 없었다.•

　　사회적 연령은 원인과 결과의 엮임으로 결정되는 것으로, 여기서 일일이 풀어내기에는 너무 복잡하다. 우리가 그때그때 가지는 사회적 야망은 그 인과조직을 구성하는 수많은 줄기 가운데 하나이다. 이를테면 어떤 하위관리가 마흔다섯이라는 나이로 사회적 노인 취급을 받는 경우는 오로지 그가 보다 높은 직책으로 승진을 원할 때뿐이다. 그러나 그가 관료조직에서 승진을 위해 노력한 일이 없다면, 가족이나 친구 혹은 상관에게 승진하고 싶다는 말을 한 적이 없다면, 그의 사회적 연령은 정해지지 않았으며 정해질 수도 없다. 그가 하위직을 서른에 맡았든, 쉰에 맡았든 그것은 사회적으로 전혀 중요하지 않다. 그는 역사를 쓰지 못하고 자신의 관직에서 그저 빈둥거리며 살아갈 뿐이다. 인생 이력이라고는 없는 남자에게는 오로지 기억의 무게 혹은 부담을 주는 몸이 어느 날인가 늙었음을 일깨워줄 따름이다. 그의 조촐한 야심에 동의하며, 사회 판결은 아주 젊었던 시절에 이미 내려졌다. 그는 사회적으로 나이를 규정받지 못했거나 일찍부터 늙어 그저 마지막을 향해 살아갈 뿐이다.

　　• 『부덴브로크 가의 사람들』Buddenbrooks의 내용을 인용한 것이다. 이 소설은 독일의 소설가 토마스 만이 1901년에 발표한 작품이다. 상원의원 토마스 부덴브로크와 크리스티안 부덴브로크는 이 작품에 등장하는 주요 인물이다.

우리 시대에 구조적이거나 민족적이거나 개인적인 차이를 넘어서서 사회적 연령을 정하는 모든 기준이 있는 한, 사회 판결이 완전한 타당성을 얻는 한, 그리고 가능한 것의 추구를 더는 허락하지 않는 '점의 이웃'과 같은 것을 세계가 알맞게 정할 수 있는 한, 어느 쪽으로 인생의 방향을 잡아야 좋을지 가늠하게 되는 것은 소유의 영역이다. 소유에는 시장 가격도 포함된다. 경우에 따라 우리에게 매겨지는 몸값 역시 시장 가격이다. 우리의 고향은 존재의 세계가 아니라 소유의 세계이기 때문이다.

좀 더 정확히 이야기하자면, 존재는 가진 게 얼마나 되느냐는 소유의 문제를 밝힘으로써 비로소 주어질 뿐이다. 어떤 사람이 누구이며, 무엇을 생각하는지는 그가 무얼 가졌느냐에 따라 정해진다. 일반의 질서는 인간에게 가지라고 요구한다. 수치로 표현될 수 있는 소유이거나, 소유 정도를 나타내며 보장하는 시장 가격이거나 아무튼 뭘 가져야만 한다. 소유가 있어야 인간은 사회적 연령을 규정받는 단계로 들어선다. 가진 게 없다면, 사회적 나이 먹음이라는 과정은 주어지지 않는다. 그럼 사회생활의 에센스도, 인간의 실존도 인정받지 못하는 쓰라림을 곱씹어야만 한다. 어리석게 태어나 무얼 가지는 법을 배우지 못했다. 가난하게 태어나 아무것도 벌어들인 게 없다. 그럼 A는 신분을 가지지 못한 무명씨에 지나지 않는다. 저 과대망상에 사로잡힌 탈레랑이거나 다락방에서 눈물 젖은 빵이나 씹는 천재일 따름이다. 소유의 사회는 개인의 자율성을 무력하게 만든다. 소유해야만 한다는 요구의 압력 아래, 개인은 타인의 시선 앞에서 자신의 뜻을 펼쳐나가는, 자기만의 전망을 추구하는 인격체일 수가 없기 때문이다.

우리는 소유의 이정표에 맞춰 인생의 방향을 잡아야 한다. 그럼에도 늙어감이 시작되는 점이 정확히 어딘지 장소 규정은 어렵기만 하다. 소유했다는 사실 혹은 소유하라는 요구는 우리 인생의 여러 다른 지점에서 엇갈리며 나타나기 때문이다. 어떤 이에게 소유의 운명은 아주 일찌감치, 곧 요람에서 시작된다. 막대한 유산을 물려받을 상속자로 태어났다거나, 아버지의 공장 혹은 법무법인이 소유의 솜씨를 발휘해달라고 기대하는 식이다. 물론 이런 경우 당사자는 자기 자신이 누구인지 자각하기 훨씬 이전부터 그런 요구를 받는다. 다른 이에게 이 소유 과정은 중고등학교에서 시작된다. 수학에 뛰어난 재능을 가진 게 발견되어 물리학자나 엔지니어라는 인생 궤적을 살아가도록 부추겨진다. 물론 이는 시장 가치를 확신한 선택이다. 세 번째 경우는 대학교나 직업 훈련을 받으며 피할 수 없는 강요로 소유의 길을 선택한다. 어쨌거나 존재를 규정하는 소유는 인간에게 두 가지 관점에서 숙명이 된다. 존재 역시 개인의 의식을 키우기 때문이다.

우선 소유는 개인에게 자유의지, 매 순간 인생을 원점에서 다시 새롭게 시작할 가능성을, 사회가 없이 혹은 심지어 사회에 반해 오로지 자신의 의지로만 인생을 꾸려볼 자유를 앗아간다. 다른 한편 소유는 그 마수로부터 벗어나려 하거나, 소유를 키울 경제 수단 혹은 사회가 요구하며 시장 가치로 보상을 받는 능력, 곧 '노하우'를 수집하지 않은 개인에게 사회의 빈자리나 지키라고 심판한다. 이 빈자리는 자유롭게 인생을 새로 기획한다는 원점의 의미를 가지지 않는다. 사회는 그 구성원의 운명을 결정할 권리를 가지지만, 개인에게는 자신의 운명을 선택할 자유가 주어지지 않는다.

소유의 세계는 나날이 자신을 새롭게 기획해보는 아웃사이너를 갈수록 너는 허락하지 않는다.

소유가 가지는 강요의 힘은 무서울 정도로 크다. 어떤 개인의 소유 혹은 시장 가치는 그만큼 이 개인을 더 순종하게 만든다. 마치 개목걸이를 걸어놓은 것처럼 자유자재로 부린다. 그럼에도 개인은 무슨 보석목걸이라도 한 양 편안해한다.

A는 마흔 살의 기자로 주문에 맞춰 기사를 써준다. 그의 솜씨, 고객이 인정해준다는 투로 부르는 '민첩한 펜'은 기사라는 그의 상품에 특정한 거래가격을 확보해준다. 그는 살아 있다. 럭셔리로 안녕을 누리는 삶은 아닐지라도 절박하지는 않으며, 암울한 빈곤을 두려워하지는 않는 그럭저럭 편안한 삶이다. 그는 기사를 써서 팔아 비교적 단정하게 살며, 차를 한 대 굴리고, 이따금 휴가여행을 떠나기도 한다. 종종 잠들기 전에 어지럽게 떠오르는 기억들로 심란하기는 하다.

다락방에 앉아 있었다. 그때는 제로 상태였다. 그는 자신이 쓰는 글이 언젠가 고객을 찾아낼 수 있을 거라고 믿을 수 없었다. 그래서 그는 자신이 원하는 게 무엇인지, 또 그것을 어떻게 실현할 수 있을지 그려보았다. 그가 살아 있도록 어깨를 부축해준 것은 툭 터진 지평선이었다. 그는 자신이 아무것도 아니기에 모든 것임을 잘 알았다. 그의 잠재력은 세상 전체였으며, 모든 공간이었다. 그는 잠재력의 영역에서 세계 혁명가이자 방랑자였으며, 쏘주이자 철학자였다. 무엇보다도 젊었다. 나이도 몸도 젊었다. 툭 터진 공간이 자신 앞에 펼쳐져 있었기에 그는 자신이 곧 그 공간이라 믿었다. 물론 그 공간에는 그리 많은 시간이 수집되지는 않았다. 그러니까 사회적 연령에서도 그는 젊었다. 이제 막 자신의 첫 번째 환자, 죽어가는 환자를 다루는 동년의 의학박사보다 훨씬 더 젊었다. 또는 자신이 선보인 연기에 첫 반응을 보인 비평가의 글을 앨범에 붙이는 배우보다 더 젊었다.

이제 더는 젊지 않다. 이제 그는 가진 게 별로 없어 근근이 존재할 따름이다. 사회는 그에게 영원한 청년은 정신병원에 가두어야만 용인하겠다며 그의 사회적 연령을 정해버렸다. 자신의 사회적 연령을 부여받은 그는 어느덧 이에 동의하는 자신을 발견하며 깊은 충격을 받는다. 납세자이면서 계단에서 이웃과 마주칠 때마다 인사를 나누는 시민! 굴욕적인 투항의 횟수를 헤아려보며 그게 그리 많지 않다는 것을 오히려 지금 당장은 우둔한 자부심으로 여기는 A다. 그는 지금껏 그렇게 살아온 게, 소유로 규정된 존재가 그에게 소유 없는 자유로운 존재를, 영원한 생성, 곧 가능성과 잠재력을 가진 변화의 존재를 훔쳐가버렸다는 게 부끄럽기만 했다.

그래서 우스꽝스러운 승리, 사실 암울한 패배에 지나지 않는 승리를 위해 안간힘을 쓰지 않았어도 좋을 사회 질서라는 것을 생각할 수 있는지 자문했다. 존재가 어떤 소유이지 않은 사회 체계, 지식 소유가 아닌 사회 체계(그러니까 지식을 쌓는다는 게 소유 범주로 정리되지 않는 사회 체계)를 생각할 수는 없을까. 그래서 존재가 변화와 성장의 존재로 남을 수 있는 사회? 타인의 눈길이 그를 제압하는 게 아니라, 오히려 거듭 다시금 제로 상태로 돌아가 이 원점으로부터 자신을 새롭게 구축하는 사회는 타인과 더불어 존재하며 변화해가는 사회이리라.

자문을 던진 A는 답을 얻지 못했다. 그리고 아마도 답을 찾지 못함이 이미 투항의 연속적 행위에서, 그가 소유했던 것 전반에서 결정되어버렸음을 깨달았다. 그는 이미 자신이 가졌던 것에서 전모를 드러내고 말았다. 그게 아무리 보잘것없는 조촐함이었다 할지라도, 이미 가졌던 탓에 더는 갖고 싶지 않았다. 무수히 많은 타인이 감당한, 같은 운명과 마찬가지로 A는 그처럼 편안하고 기분 좋게 느껴졌던 목걸이를 잃고 말았다. 이제 남은 것은 파괴된 실존이라는 보석목걸이일 뿐이다. 이 파괴된 실존에서 그의 인간다움은 사회적으로 자신을 구축하는 일에만 몰두하느라 황폐해지고 말았다. 그는 늙었다. 그 책임은 사회에 있다. 그 자신이 감당해야만 하는 죄과는 사회가 그에게 요구한 것에 자신을 맞춘 정도에 국한될 따름이다. A는 미치광이가 되거나 피 흘리는 체 게바라*가 되지 않고 사회에 순응했다.

게바라, 고갱, 정신병원의 과대망상증 환자 그리고 그의 먼 친척으로 카페에서 하릴없이 시간이나 죽이는 무명 화가, 이들은 모두 소유의 세계를 대표하는 타인의 시선에 굴복하지 않았다. 말이 나온 김에 짚어보자면 가진 게 워낙 많은 나머지 재산이 아무런 의미를 가지지 않아 소유가 하등 영향을 끼치지 못했던 대부호도 마찬가지다. 알리 칸은 마흔아홉이라는 젊은 나이로 자동차의 운전대를 잡고 죽음으로 돌진했으며, 윈저 공작은 크리스티안 부덴브로크와 마찬가지로 애늙은이로 죽음을 맞이했다.♦

다른 이들은 사회적 연령에 도달했다. 어떤 이는 일찌감치, 다른 이는 좀 더 뒤에. 어쨌거나 대다수의 사람은 사회에 자신을 생산자이자 소비자로 선보이면서 투자할 만한 가치가 있다고 여기게 만드는 시점을 경험했다. 이들은 언젠가는 재산을 방어하고 지식 소유를 자랑하며 배우자와 자녀를 돌보아야만 했다. 재산을 늘리거나 지키려는 노력은 이들의 인간다움이 소진되게 만들었으며, 노심초사를 거듭한 끝에 어느 날엔가 인생의 전환점이 다가왔음을 깨달았다. 이제는 자신의 소유 존재가 더는 바뀔 수 없는 전환점을 맞이했다. 이제 늙은 사람이 되었다. 문은 더는 열리지 않는다. 사회를 향해 질문을 던진 사람은 이런 대답을 듣는다. 당신이 어제와 그제 했던 것을 해보라, 어디 당신의 과거로 당신 자신의 실력을 증명해보라. 아니면 아무것도 하지 말라.

구인광고의 문구는 한결같다. 새 지점 개설을 위해 경험이 풍부한 은행가 찾음, 40세 이하. 경영 개선을 위해 영어에 능통한 검증된 무역 전문가 찾음, 45세까지만 신청 가능. 젊고 역동

- Che Guevara(1928~1967). 아르헨티나 출신의 공산주의 혁명가이자 저술가이며 의사. 체 게바라는 별명이고, 본명은 에르네스토 라파엘 게바라 데 라 세르나Ernesto Rafael Guevara de la Serna이다. 쿠바에서 게릴라 지도자로 활동했으며, 남미의 해방운동에 진력한 인물이다.
- ♦ 알리 칸Aly Khan(1911~1960)은 파키스탄의 왕자로 유엔 대사를 지냈다. 미국의 여배우 리타 헤이워스Rita Hayworth와 1949년에 결혼했으나 오래가지 못하고 1953년에 이혼했다. 1960년 5월 12일 프랑스에서 새 약혼녀와 여행을 하던 도중, 자동차 사고를 일으켜 사망했다. 윈저 공작Duke of Windsor은 영국 왕 에드워드 8세(1894~1972)를 부르는 호칭으로, 미국의 월리스 심프슨Wallis Simpson과 결혼하기 위해 왕위를 버린 인물이다. 이후 프랑스에 살면서 국제 사교계의 총아로 군림하며 초호화 생활을 즐겼다.

적이며 전향적인 자세로 일을 즐기며 성격이 좋고 에너지가 넘치는 사람(여행 상담사, 실험실 책임자, 엔지니어, 편집장, 광고 전문가 등등) 찾음. 인사 책임자는 타인의 시선을 가졌다. 그는 투자 논리에 맞는 사회적 연령뿐만 아니라, 특정 직업의 풍부한 경험도 요구한다. 분명한 이야기가 아닌가. 마흔 살의 조보자는 절대 채용하지 않는다. 동시대인 X는 스물셋에서 마흔에 이르는 사이 다양한 직업을 전전해왔다. 도급 일꾼의 근무시간을 계산하거나, 광고 문안을 기획하거나 주문자의 입맛에 맞는 기사를 써줬다. 아무래도 앞으로 20년에서 25년은 같은 일을 하게 되리라. 그는 일거리를 끝내고 고개를 들 때마다 자신에게 자문했다. 이런 식으로 영원히 계속될까? 그때마다 두려움을 느꼈다. 계속되기는 하리라, 영원하다고까지 할 수는 없지만 어쨌거나 그가 존재하는 시간의 길이만큼의 영원함으로! 잘 잊어버리는 두뇌, 무거운 사지, 현행 법규가 그에게 허락하는 그만큼의 영원함으로!

이후 사회가 '누려 마땅한 은퇴생활'이라 부르는 게 찾아온다. 어떤 이에게는 두둑한 공무원 연금이, 다른 이에게는 초라하기 짝이 없는 연금이 주어진다. 그러나 두 경우 모두 역사를 써나가는 현실, 늘 새로운 형세와 국면으로 변화하는 역동적 현실로부터의 추방을 뜻할 뿐이다. 그럼 매우 섬뜩한 물음이 고개를 든다. 도대체 나는 언제 진짜 사는 것처럼 살까? 내 인생을 끊임없는 혁신과 부단한 모순의 과정으로 이끌기를 언제부터 포기했을까? 다행스럽게도 이런 물음의 순간은 드물게 찾아온다.

동시대인, 이미 연금생활자이거나 여전히 흥분한 태도로 인생의 한복판에 서 있는 남자, 자신의 소유를 늘리거나 방어해온 남자는 사회가 그에게 내린 판결, 곧 사회적 연령을 받아들인다. 그는 더는 자신을 넘어가지 않는 자아로 만족한다. 그러나 그렇다고 해서 자신에 만족하는 것은 아니다. 사회가 체념하도록 은근히 몰아붙이는 실존적 죽음은 몸의 죽음과 마찬가지로 여전히 받아들이기 어렵기 때문이다. 아직 낮이라고 저마다 중얼거리며 청년 행세를 하려든다. 그러나 밤은 이미 시작되었다. 아직 어둠이 깃들지는 않았다 할지라도 밤은 서서히 위세를 발휘하기 시작했다. 사회가 요구하며 허락하고 금지하는 그대로.

많은 이들은 그런대로 익숙해진다. 불현듯 들어선 밤이라는 비유는 상투적인 감상일 뿐이며, 심지어 전혀 들어맞지 않는다고 고집한다. 사회를 떠받드는 기둥과 같은 정상급 인사만 하더라도 모두 고령의 인간이지 않은가? 심지어 사회의 지배 세대는 쉰다섯에서 일흔 살이라는 상당한 고령이지 않은가? 국가수반과 각료, 대단한 영향력을 자랑하는 대학교수, 기업 총수, 아카데미 회원은 모두 연로한 사람이다. 다른 한편 무명의 보잘것없는 실존을 두고 말하자면 사회는 이미 이들에게 맞춤한 자리를 마련해두기 시작했다. 그것은 그저 사회의 관리 기술이라는 문제일 뿐이다. '의미로 충만한 인생'과 살아볼 가치를 가지는 노년은 앞으로 기대 수명이 높아지는 그대로 무명 씨에게도 보장되거나 최소한 가능해지리라.

그러니까 입만 열었다 하면 노년의 드라마와 황혼이라는

비유를 떠들어댈 필요는 없다. 명령하는 지배 계급에게 낮은 갈수록 길어질 것이며, 그저 수행원으로 따라다닐 뿐인 사람에게도 마찬가지리라. 우리 아버지 집에는 방들이 많으며, 대개 나무랄 데 없는 양로원처럼 보인다.

그러나 젊은 물리학자는 말한다. 우리 전공에서 공적인 명예와 당연한 것처럼 명성을 누리는 쪽은 늙은이일 뿐이다. 발견은 우리가 한다. 우리, 곧 스물다섯에서 서른다섯 사이의 젊은 학자가. 백발을 자랑하는 경제 수장, 언론이 지칠 줄 모르는 왕성한 정력을 자랑한다고 호들갑을 떠는 회장의 배후에는 한창 빛나는 지성을 자랑하는 우수한 젊은이의 떠받듦이 있다. 노인은 그저 점잖게 시치미를 떼며 온화한 미소만 짓는다. 그러니까 그 본분을 지키라고 심판하는 사회의 판결은 그 누구보다도 겉보기뿐인 권력자를 더 강력하게 보호한다.

어떤 기업의 명목상 회장은 그 실질적인 지배 권력을 이미 젊은 직원 그룹에게 넘겨주었다. 저명한 교수는 지적인 능력에서 이미 오래전에 서른 살의 조교에게 추월당했으며 오로지 그동안 채집한 상과 명예박사 학위를 자랑할 따름이다. 이들은 정확히 이미 주어진 역할을 연기할 뿐이다. 마치 어떤 국가 대사大事에서 굳어진, 이미 예견할 수 있으며, 바로 그래서 조작이 가능한 마지막 결정적 발언을 일삼는 원로처럼. 이들은 과거의 포로에 지나지 않는다. 어떤 이는 이미 기력을 잃어 실제로 상투적 감상으로 찾아드는 밤을 맞았다. 그러나 등에 업어주는 비서 덕분에 여전히 회장으로 행세한다. 다른 이는 천둥 치듯 진노하며 주피터처럼 번개를 때린다. '고름 그림메.'• 그의 말과 행위는 예전에 했던 정치적 발언과 맞물려, 꼿꼿이 세운 그의 머리 위로 이미 밤이 찾아들게 만들었다. 별들이 아름답게 반짝이는 밤이.

그러나 무명씨는 사회적 연령, 곧 사회가 그에게 선고한 늙음에서 무얼 바라야 좋을까? 우편배달부는 우편배달부로 남을 뿐이다. 드골♦이 역사적 인물로 남았듯. 물론 자신이 아무것도 아님을 인정하기보다 자신의 기념비를 세우는 게 훨씬 더 나은 일인 것은 틀림없다. 그러나 그는 우편배달부 이상인 적이 없다. 심지어 등기 우편물의 전달을 국가에 중요한 행동으로 바라볼 기회마저 주어지지 않았던 그가 아닌가. 이제 은퇴한 그는 자신이 주말농장에서 허드렛일이나 하며 보낼 노년을 어찌 바라보아야 좋을까? '의미가 충만한 생활'이기는 하다. 맞다. 사회는 복지라는 방법으로 그를 돌보거나, 반나절 일자리 창출로 도와주기는 할 것이다. 그렇지만 그는 자신이 왜 그런 대접을 받아야 하는지, 자신은 그저 사회의 짐이며 아무짝에도 쓸모없는 식충이라는 사실을 모를 정도로 어리석지 않다. 아마도 보살핌을 받기는 하리라. 또 그게 그를 홀로 그 볼품없는 연금에 내버려두는 것보다 낫기는 하다. 그저 보살핌이라는 게 그렇게 오만한 울림만 주지 않는다면, 보살핌을 받는 게 사회에 빌붙어 사는 뻔뻔함이라는 거슬리는 냄새만 풍기지 않는다면. 그러나

• Gorm Grymme. 독일의 작가 테오도어 폰타네Theodor Fontane (1819~1898)가 쓴 발라드. 1864년에 두 번에 걸쳐 덴마크를 여행하며 쓴 시다. 고름이라는 덴마크 왕이 아들을 잃어 번민하는 슬픔을 그린 작품이다. 제목은 '격노한 고름'이라는 뜻이다. 30년 동안 덕치를 펼쳐 백성의 칭송을 한 몸에 샀던 왕은 자신의 면전에서 아들이 죽었다고 말하는 사람은 죽이리라 일갈했다. 바이킹 원정을 나갔던 왕자가 시체로 돌아오자 누구도 그 죽음을 알리지 못했으나, 왕비가 왕궁을 온통 검은색으로 칠해 죽음을 암시했다. 아들을 잃은 왕은 쓸쓸히 죽음을 맞는다.
♦ Charles de Gaulle(1890~1970). 프랑스의 레지스탕스이자 군사 지도자이며 대통령을 지낸 인물.

다시금 그의 비참함과 사회적 고립은 다른 그 누구도 아닌 바로 그 자신이 이겨내야 할 불행이라고 입바른 말을 하는 사람이 꼭 있다. 불행을 스스로 이겨낼 때 그에게는 자아, 불평과 비난을 제기할 자아가 형성되지만, 돌봄과 보호는 타인에 대한 의존성 만 키워줌으로써 온전히 사회의 처분만 기다리는 기생적 태도를 낳는다나. 그러면 그와 더불어 사는 세상도, 그를 반대하는 세상도 양심의 가책조차 가지지 않게 되리라는 지적이다.

사회적 연령을 본질적으로 규정하는 게 우리의 소유 세계라는 사실을 의심하는 일은 허락될 수 없다. 그러나 늙어감과 노년의 살아감을, 이윤 추구라는 시장경제의 사회적 구조가 가지는 몇몇 근본 문제에만 초점을 맞춰 타인의 시선을 통해 바라보는 일은 더더욱 허락될 수 없다. 언제나 거듭 우리는 몸이라는 사실과 맞닥뜨린다. 물론 이 경우에는 노쇠해 곧 쓰러질 것만 같은 몸이다. 몸은 노화를 바라보는 주관적인 시각에 특별한 색채를 줄 뿐만 아니라, 사회의 반향을 일차적이고도 직접적으로 불러일으킨다. 늙어가는 사람은 더는 아름답지 않다고 예전에 에리히 케스트너•는 한 편의 악의 없는 시에서 썼다. 어쨌거나 사소하기는 할지라도 더는 되돌릴 수 없는 몸의 변화가 일어나는 것은 사실이다. 이제는 아름다울 수 없으며, 예전처럼 민첩하지 못하고, 또 기민하고 똑똑하게 반응하기 힘들어진다. 세계, 여기서 개인의 의견과 느낌과 반응의 통계적으로 파악 가능한 총합으로 이해된 세계는 이런 사실을 잘 알고, 오늘날 희소성이라는 가치를 전혀 가지지 않는 늙어가는 사람과 이

• Erich Kästner(1899~1974). 독일의 소설가이자 시인. 사회를 비판하고 풍자하는 작품을 많이 썼으며, 아동문학에서도 『에밀과 소년 탐정』Emil und die Detektive(1928), 『하늘을 나는 교실』Das fliegende Klassenzimmer(1933)과 같은 걸작을 남겼다. 유머가 가득한 풍자로 유명한 작가다.

미 노인인 자에게 더는 신성함이라는 품위 있는 이미지를 부여하지 않는다.

늙는 이는 추해진다. 추하다는 것은 우리가 추잡하다며 미워하는 것일 뿐이다. 노인은 허약해진다. 사람들은 노인을 보며 안타깝다는 투로, 또는 얕잡아 보는 의미로 허약하다고 말한다. 그래서 실패한 연극이나 약세인 주식시세를 말하며 얼굴을 찡그리듯, 늙어 허약한 인간에게 올곧은 동정을 거의 보내지 않는다.

늙어가는 사람과 노인에게 붙이는 무수한 부정적 형용사를 생각해보라. 본격적인 신체 활동을 하기에 무기력하며, 서투르고, 이러저러한 일을 해낼 수 없으며, 더는 배울 능력이 없고, 아무짝에도 쓸모가 없으며, 달갑지 않고, 건강하지 않다. 한마디로 더는 젊지 않다. 감정의 깊은 샘에서 솟아오르는 이런 부정적 표현은 사회가 수행하는 늙어가는 사람의 파괴 혹은 없애버림으로 이해될 수 있다. 그러나 여기서 사회에 의해 파괴되는 것은 오로지 '아무것도 아님' 혹은 없음이라는 표시를 이마에 달고 다니는 사람일 뿐이다. '아무것도 아님'의 두 눈으로 확인할 수 있는 메시지는 몸의 쇠락이다. 젊은이가 노인을 바라보는 부정할 수 없는 반감, 존경으로 위장된 반감은 노인을 공경해야 한다는 빛바랜 인습일 따름이다. 아마도 이 반감은 아무것도 아님을 두려워하는 마음, 어떤 것일 수도 없음에 겨눠진 저항이리라. 그러나 이미 없음은 있음, 곧 존재로 밀고 들어왔다.

저항과 체념의 모순에 직면하기

'세계'는 늙어가는 사람을 파괴했다. 파리를 산책하고 싶었으나 그를 무시하는 대중에게 부정되어 거리에서 투명인간 취급을 받았던 시골 변호사 A처럼 없는 사람이 되고 말았다. 부명한 물질을 보듯 그를 꿰뚫어 지나가는 타인의 시선이 A를 부정했다. 그는 대도시를 떠나 피레네의 소도시인 고향으로 돌아왔다. 결과적으로 없는 사람 취급을 당한다는 것은 참아내기 힘든 일이기 때문이다. 인간은 타인에게 존재를 드러내기를 추구한다. ―이게 전부다. A를 문학적으로 창조해낸 소설가 장루이 퀴르티가 A의 엇나간 여행 모험에서 들려주려 했던 것은 이게 전부다. 작품 『라 콰랑탱』은 '세계'가 A를 투명인간으로 심판한 낯선 현상이 무얼 뜻하는지 하는 물음에는 침묵한다.

그러나 세계는 젊은이들로만 이뤄진 게 아니다. ―A가 산책한 가로수 길에는, 거기서 타인의 공허한 눈빛으로 파괴된 A가 쓸쓸히 걸어간 가로수 길에는 노인도 많았다. 인구 통계적인 연령대 피라미드가 어떻게 구성되어 있든 간에, 사회가 젊은이들의 파괴적인 판결을 받아들인다는 점은 늙어가는 사람이 분명히 의식해두는 게 좋다. 사적이든 공적이든 노인에게 보이는 존경심이라는 게 거기서 아무것도 바꾸지 못한다.

노인은 청년에게만 늙은이가 아니다. 같은 해에 태어난 동년배의 눈에도 피하고픈 늙은이일 따름이다. 동년배는 청년을 바라보느라 넋을 잃는다. 눈길을 주어도 응대조차 받지 못하면서도. 운명을 같이하는 늙은이에게는 동지의식을 표시하길 거

부하며, 늙은이의 놀끝에서 읽히는 손재 부정의 표시에 거리를
두려 안간힘을 쓴다. 그렇다고 해서 동년배가 청년을 사랑한다
고 말하려는 것은 아니다. 다만 이들은 젊음을 바라보는 어처구
니없는 갈망과 스스로 인정하지 않으려는 질투에 사로잡혀 있
다. 젊은이와 동년배가 늙은이에게 내린 판결에 저항하자는 호
소는 찾아볼 수 없다. 그저 언제나 영원히 젊었으면 하는 갈망
과, 쇠락을 두려워하는 몸서리침에 따라 행동할 따름이다. 늙
어가는 인간 그리고 이미 늙은 사람에게 흔히 표하는 존경은 아
무런 힘을 갖지 않았으며, 그 어떤 내용도 담지 않은 공허한 것
이다.

　위대한 노인을 숭배하는 축제의 현장에서도, 진기한 노인의
등장에 젊은 손들이 오랜 박수갈채를 보낼 때조차도 마찬가지다.

　A는 매우 드물어진 장폴 사르트르의 강연 하나를 찾아갔
다. 20년 전만 하더라도 청년들이 우러르던 신, 오늘날에도 여
전히 젊은이들에게 다가가기를 즐기는 사르트르다.● 그는 언제
나 인간의 본래적인 차원을 미래에서 찾았으며, 잃어버린 시간
을 아쉬워하며 되돌리려는 작업을 낭만주의가 말하는 '죽음의
에로틱' 못지않게 경멸했다. "틀렸어, 그건 그냥 죽음이야."Le
faux, c'est la mort. 사르트르가 쓴 문장이다. 틀렸다는 지적에 눈
길을 깔고 목소리부터 갈라지는 '노인'을 상대로 이 말을 한 게
아니다. 그는 아직 무엇이 될 기회를 가졌으며 앞으로 다가올 것
에 힘차게 나아가는, 세계와 공간의 사건을 희구하며 그것으로
자신의 자아를 측정하고 키워갈 '청년'을 겨냥해 이 말을 했다.

　사르트르는 서유럽의 어느 대학교 대강당에서 '러셀 전범

● 이 글이 쓰일 당시 사르트르가 이미 예순을 넘긴 나이였음을 염두하고
본문을 읽어야 한다.

재판'•이라는 제목으로 강연을 했다. A는 학생들 사이에 자리를 잡고 강연을 들었다. 강연 주제에 관심을 가진 것은 아니었다. 이 주제라면 자신도 이미 충분히 아는 문제였다. 그는 연사 사르트르를 보고 싶었을 뿐이다. 오래전부터 존경해마지않았으며, 이 존경심은 깊숙한 친밀감으로 발전했다. 불본 자신의 친밀함이 일방적이라는 점을 A는 의식하지 못했다.

그는 사르트르와 더불어 늙어왔다. 자신이 존경하는 스승에 비해 일곱 살 더 어리기는 했지만, 7년이라는 얼마 안 되는 시간 차이쯤은 두 사람, 즉 철학자와 그의 독자 제자가 눈높이를 맞춰 뛰어넘기라도 한 양 A는 강연자와 동년배라고 느꼈다.

그가 사르트르를 마지막으로 보았던 것은 20년 전의 일이다. 당시만 해도 사르트르는 젊은 나이였으며 그저 미래를 향해서만 이야기하는 게 아니라 그의 명성에 걸맞게 행동했다. 그는 출발선에 선 동시에 절정에 이른 명성을 누렸다. 그의 실존주의는 정신사의 마지막 발언이다. 다만 그건 벌써 20년 전의 일이다. 1946년의 철학자는 그 자신이 자주 거론했으며, 스스로 자서전에서 묘사하기도 한 '추한 외모'였음에도 매우 강력한 신체적 매력을 자랑했다. 남자다운 강인함을 보여주는 매력이었다. 그러나 맙소사! 그는 허약하고 피곤에 절은 노신사로 변했다. 납처럼 창백하며 축 늘어진 볼을 가진 얼굴의 노쇠한 남자는 깡마른 몸집으로 힘겨운 나머지 갈라 터진 목소리로 간신히 원고를 읽을 따름이다. 사르트르는 그 자신 안에서 상당한 무게로 짓누르는 시간 탓에 늙어버렸다. A는 몇 초 동안 기억을 쥐어짜고서야 1946년 봄날의 사르트르를 다시 알아보았다.

• Russell Tribunal. 1966년 영국의 철학자 버트런드 러셀이 자신의 평화재단 이름으로 연 국제 전범재판이다. 정식 명칭은 '베트남 전범재판'Vietnam War Crimes Tribunal으로 미국이 베트남전쟁에서 자행한 전쟁범죄를 조사하는 게 목적이었다.

늙음이라는 기본적으로 간단한 사실, 늘 잘 알고 있다고 여겨왔던 사실에 A는 깊은 충격을 받았다. 완전히 새로운 것을 보듯 낯설기만 한 늙음이다. 어떻게 한 인간이 저 지경까지 갈 수 있을까. 물론 A는 지금 그 명예를 기리기 위해 대학생들이 자리에서 일어나 박수갈채를 보내는 이 위대한 철학자가 정말 병약하다는 사실을 다른 사람과 마찬가지로 잘 알았다. 그 병약함으로 미루어보건대 사르트르의 생물적 연령은 햇수를 헤아린 연대기적 연령보다 훨씬 더 높은 게 틀림없다. 예순셋이라는 나이를 대표하는 노인은 분명 아니었다. 그의 몸이 보여주는 쇠락은 훨씬 그 이상이다. 그러나 강연자는 여전한 논리적 엄격성, 아주 뛰어난 엄격성을 자랑하며 강연을 진행했다. 변증법의 날카로움을 보여주면서 정치 사건의 요점을 확실하게 잡아내는 빛나는 솜씨는 전적으로 사르트르 자신의 힘이었다.

그가 미국의 베트남전쟁을 반대하는 '러셀 전범재판'의 논리를 지지하는 강연을 하는 동안 A는 그저 산발적으로 강연 내용에 귀를 기울이면서, 그의 가슴을 쓰라린 체념으로 물들인 것이 철학자의 이내 쓰러질 것만 같은 허약한 몸이 아니라, 오히려 사르트르의 사회적 연령이라는 사실을 깨달았다. 자신의 한계를 스스로 허물어간 철학자 역시 사회의 포로에 지나지 않았다. 강연의 시작을 맡았던 사회자가 말한 것처럼 명성과 평판의 포로는 아니다. 명성과 평판이라는 감옥은 사르트르가 이제 막 탈출했다. 오히려 사르트르는 그 자신 안에 쌓인 시간의 포로다.

그는 그저 자신의 인생이 맡은 역할이 무엇인지 말해주는 텍스트만 읽었으며, 그가 평생 살아오며 이룩한 바로 그것에 지나지 않았다. 그의 작품과 인생으로 결산을 낸 사회는 그에게 다른 누구도 아닌 장폴 사르트르이기를 강요했다. 사르트르는 다른 누구도 아닌 이런저런 책들을 쓴 필자였다. 1948년 정치 정당을 결성했으나 신도를 한 명도 끌어모으지 못했으며, 노벨상을 거부했으나 경계를 허문 철학자였다는 업적은 바로 그 자신의 한계가 되었다. 사회는 그를 다른 누구도 아닌 장폴 사르트르로 규정했다. 이제 이미 늙어버린 남자는 아마도 15년은 더 살리라. 그게 5년일 수도 있으나, 아무래도 아무튼 15년 이상을 넘기지는 못하리라.

안타깝게도 골골거리는 목소리이기는 했지만, 그 날카로운 지성은 조금도 줄어들지 않았다. 철저히 분석하고 핵심을 되풀이해 강조하며 필요한 대목에서는 불꽃같은 호소도 했다. 2,500명의 사람들이 그의 강연을 숨죽여가며 경청했다. 더할 수 없이 긴장한 주의력이다. 강연자는 서 있는 것을 힘들어한다는 게 분명했다. 그는 양손으로 번갈아가며 허리를 받쳤다. 마치 무게를 이기지 못하는 몸을 도와주려는 것처럼. 20년 전만 해도 짙은 청동색에 풍성한 숱을 자랑한 머리는 이제 새치로 희끗거렸고 몇 줄기의 머리카락이 듬성듬성 드러난 두피를 가렸을 뿐이다. 그러나 그런 것은 중요한 게 아니라고 A는 생각했다. 마치 자신이 강단에 서서 짐스러운 몸의 무게를 손으로 받친 것처럼 쓰라린 상념에 젖은 A였지만, 그의 속을 휘젓는 것은 위대한 남자의 신체적 몰락 그 이상의 것이다. 사르트르가 늙어가는 사르트르로 남아야만 한다는 감상도 아니다. 물론 체

게바라를 추모할 것을 권고하는 사르트르가 더는 체 게바라가 될 수 없는 것은 분명한 사실이다. 그러나 A로 하여금 자기 나이의 불편함을 감지하게 만든 통찰은, 연단의 늙은 남자에게 경의를 표하며 주의 깊게 강연을 듣는 2,500명의 젊은이들이 사르트르 인생의 마지막 시간을 훔치고 있는 것은 아닌가 하는 염려였다. 그저 젊다는 것과 세계를 향해 나아간다는, 그들의, 오로지 그들만의 특권으로!

젊은이들은 장폴 사르트르가 쓴 것과는 다른 책을 쓰고, 장폴 사르트르가 읽었던 것과는 다른 책을 읽으리라. 이들은 사르트르가 없는 세상을 살아가게 되리라. 말하자면 사르트르가 살았던 세상의 경계를 허물어버린 '안티 사르트르 세계'랄까. 반면, 이미 죽은 이의 어록과 행동과 사진은 돌처럼 굳어져, 그의 묘비처럼 우두커니 서 있으리라. 이들의 미래는 젊음이라는 사실로 담보된다. 바꿔 말해서 세계를 거머쥐고 동시에 세계 안으로 들어가 흐를 각오로 젊음은 빛난다. 그러나 이 미래의 세상은 사르트르가 없는 세계다. 이런저런 일을 하려는 젊은이들의 계획, 이를테면 책을 쓰고, 연단에 올라 강연을 하며, 영화를 보거나 콩고로 모험을 떠나는 일 따위는 젊은이들을 사르트르의 적대자로 만들리라. 이들은 저마다 속에 안티 사르트르 세계를 담고 있기 때문이다.

이제 대학생들은 원형극장처럼 배치된 의자에서 일어나 박수갈채를 보냈다. 대학생들은 자신이 늙은 어른에게 보내는 경의가 사실은 반反존중이며 악의적인 판결임을 알지 못한다. 강연 원고를 추슬러 허청거리는 발걸음으로 출구로 향하는 늙은 어른은 초라하기만 하다. 과거 왕성한 활동으로 명성을 쌓았으나 현재는 초라하기만 한 노인에게 보내는 경의가 어떻게 경멸로 변하는지 이해하려면 대학생들은 그 자신이 늙어야만 하리라. 과거의 업적을 존경이 가득한 눈으로 바라본다는 것은 그 업적의 주인이 앞으로도 발전하며 변화하리라는 믿음을 허락해주지 않기 때문이다.

이들이 보이는 경의는 추도사만큼이나 어둡다. 이들이 보인 경의는 철학자가 머지않아 죽으리라는 예견을 이미 담았다. 박수갈채. 브라보, 브라보. 그러나 이제 다시 자신으로 돌아와 세계로 나아가자! 그 노인은 훌륭하고 위대했다. 그의 죽음 뒤에는 더욱더 위대하고 훨씬 더 좋은 게 찾아오리라. 그리고 우리 젊은이는 그 현장에 함께하리라. ─거대한 강당은 썰물 빠져나간 것처럼 텅 비었다.

차가운 도시를 가로질러 집으로 돌아가는 A는 홀로였다. 새롭게 난 도로와 예전에는 보이지 않던 건물로 확연히 변한 도시, 매일 여기서 길을 잃지 않고 혹 일방통행로를 역주행하는 일은 없는지 신경을 곤두세워야 하는 이 도시에서 A는 고독했다. 장폴 사르트르를 떠올렸다. 그의 사회적 연령이 곧 자신의 것이라는 확인이 새삼스럽다. 그나마 7년 더 어린 게 위안이랄까. A는 저 위대한 동료와 달리, 그러니까 아마도 지금 이 순간 호텔 방의 침대에서 지친 채 쉬고 있을 친구와 달리, 유명한 철학자가 아니다. 그러나 A 역시 과거의 남자이며, 지금 강연을 듣고 나와 거리를 건너는 젊은이들은 그에게서도 세계를 훔쳐갔다. 젊은 대학생들은 A의 세계였던 것을 이제 자신의 것으로 만들어가리라. 젊은이들은 기분이 좋아 보였다. 그러나 이들은 공포의 대상이다. 물론 이들을 가르칠 수 있으며, 또 그래야만 한다. 그러나 장차 그들 앞에서 부끄러워야만 한다. 이들의 포옹에, 이들이 쓸 계획인 책에, 이들이 세울 정당 앞에 노인은 부끄러워야만 한다. 이 얼마나 어처구니없을 정도로 간단한 일인가.

사회는 우리에게 사회적 연령을 지정해줬다. 사회는 우리를 파괴한다. 이제 겨우 절정에 오른 우리를. 우리가 무엇을 만들어냈고 무엇을 못했는지 결산하며, 일종의 불문율, 매일처럼 새로워지는 젊음의 법칙에 따라 우리를 파괴한다. 사회가 주목하는 것은 변화와 발전의 기회, 곧 미래를 가지는 젊음일 뿐이다. 노년에 이른 우리의 사회적 해체는 이미 결정된 사안이다. 우리가 사르트르든 미스터 X든, 박수갈채와 플래시 섬광을 받든 혹은 무명씨로 그저 거리를 걷든, 그런 것과는 상관없이 늙었다는 사실 하나로 우리는 해체당한다. 우리는 그저 이런저런 존재자로, 이것과 저것을 소유한 자로 규정되었다. 결국 우리에게는 무엇인가로 변화할 길이 막혔다. 미래는 이미 끝났다. 우리의 사회적 자아는 그저 주어졌을 뿐이다. 고독한 순간에서조차 허구적인 "진짜 자아"를 꾸며내 자위하는 바로 그런 모습으로 주어졌을 뿐이다. 이제 우리는 정신병원의 탈레랑이나 카페의 위대한 화가 가운데 하나만 고를 수 있을 뿐일까? 아니, 그건 아니다.

우리는 판결의 접수도 공개적 거절도 거부하고, 자기기만으로 피할 수 있다. 이게 대다수 노인이 우습지만 신중하게 시도하는 노년의 행복이다. 이런 자기기만으로 물론 절대 평안할 수는 없지만, 그래도 달리 어쩔 수 없다. 그래야만 우리는 파괴된 자, 정신병자가 아니고 평화롭게 늙어가는 그 누군가일 수 있다. 정상이라는 지극한 단조로움에 사로잡힐지라도. 어떻게 지내시나요? 감사합니다, 나이에 맞게, 형편에 맞춰 지냅니다. 물어본 사람은 멋쩍은 미소를, 대답하는 사람은 난처한 미소를 각각 짓는다. 이런 식으로 지극히 평범해진다. 누가 그걸 부정하랴? 세계는 안심하면서도, 그 어떤 가책도 피하려고 '긍정적 태도'를 말한다. 우리는 그 어떤 저항도, 불평도 없이 품위 있게 늙기를 요구받는다. 우리에게 들이밀어진 요구는 우리 자신의 허약함 및 타성과 맞물려 그런대로 충분하다.

긍정적 태도, 품위 있고 불평하지 않는 노년은 두 측면을 가진다. 변화와 발전의 꽁무니를 쫓아다니며, 저 자기기만의 인기 높은 주장대로, "젊음과 더불어 젊게 살자!"고 외쳐대는 게 그 하나다. 사회는 그 경제제도로써 전력을 다해 돕는다. 인생은 마흔부터, 쉰부터 시작합니다. 쉰다섯에 캘리포니아에서 누리는 은퇴생활은 얼마나 행복할까. 여성은 폐경 이후에 성적으로 행복해질 수 있다.How to retire happily at fifty five in California. Women can be sexually happy after the menopause. 옷이 사람을 만듭니다, 젊게 입으세요, 그럼 젊은 겁니다. 늙은이를 파괴한 바로 그 사회는 불변의 존재라는 정장을 강제로 노인에게 입히며 노년을 소비하라고 요구한다. 저 옛날 젊음을 소비한 바로 그대로. 이 사회는 늙은이를 경제활동으로 내몬 바로 그 사회가 아닌가. 유혹은 크기만 하다. 유혹에 따르는 사람은 세계라는 이름의 빵에서 떨어지는 가루를 실제로 잡아챌 수 있기 때문이다. 유행에 맞춰 섦게 입는 늙은이는 젊은 여자와 결혼하며, 예순의 나이에 숨 가쁜 트위스트를 춘다. 다른 이는 시대를 따라 뛰거나 심지어 앞서 가면서 무엇이든 감당할 용의가 있다고 창피한 객기를 부린다. 젊은 작가가 쓴 최신 소설을 읽고 감격했다고 호들갑을 떤다. 그러나 실제로 그 소설은 마음의 평안을 누리라고, 폰타네*를 읽으라고 요구했을 뿐이다. 화려하게 꾸미며 젊게 남으려 안간힘을 쓴 늙은이라고 해서 사회가 받아주는 것은 아니다. 다만 경제적으로 그럴싸한 외양을 꾸미는 데 이용할 뿐이다. 한사코 젊게 꾸민 늙은이는 대중신문의 광고나 경제적 목적으로 진행된, 진지한 것처럼 꾸민 사회학 연구가 요구하는 바로 그것을 할 따름이다. 순종할 게 있다는 점은 매우 편안한 기분을 주는 것처럼 보인다. 명령권자가 어처구니없는 명령을 내리고, 순종하는 사람은 자신의 이성적 통찰에 반하는 굴종을 한다고 해서 바뀔 것은 없다.

늙음을 바라보는 '긍정적 태도'는 전혀 다른 측면도 가진다. 이 측면은 경제가 주도하는 것은 아닐지라도, 경제가 쌍수를 들어 환영하는 것이다. 우리는 노인이 전원으로 돌아가 은퇴생활을 즐긴다고 말한다. 그러니까 시대를 뒤쫓으며 사회의 [노인] 파괴를 부정하지는 않았다. 반대로 그 숨 가쁜 행보로부터 자신은 빠져나왔다고 하면서 사회의 파괴를 부정한다. 늙는 것은 아름답고 좋은 일이다. 젊었을 때는 토론에 끼어 말을 거들었을 뿐이지만, 늙은 지금은 내 말이 진리다. 이미 오래전에 경제적으로 아무 어려움이 없게 노후 준비를 해두었다. 그러니 오 세상이여, 나를 이대로 내버려다오. 노인은 아무것도 아닌

---

* 앞서 나온 테오도어 폰타네를 이른다. 진실을 꾸밈없이 받아들이는 게 마음의 평안을 누리는 최선의 방법임을 강조하는 폰타네의 작품 세계를 염두에 둔 표현이다.

평화를 허락해준 사회에 만족했다. 사회는 그의 과거와 현재를 그대로 인정해주었다. 사회가 그에게 더는 기대하는 게 없기 때문이다. 그저 인생의 대부분을 이미 살아버린 자로서 죽음을 얌전히 기다리라고 허락해주었다. 사회의 이런 태도는 그에게 깊은 안도감을 선물했다. 그는 자신이 이제 수확한다고 말한다. 그는 햇살이 잘 드는 창가에 앉아 세계를 구경한다. 마치 오페라 망원경을 거꾸로 든 것처럼 저 멀리 떨어져 보이는 세상은 자신과 아무 상관이 없다고 말한다. 저기서 사냥을 하느라 진땀을 흘리는 광경은 그의 눈에 무척 왜소하게 보일 뿐이다. '게임은 끝났다.' Les jeux sont faits. 이제 더는 게임에 낄 필요가 없다. 관중석으로 자리를 옮겨, 자신은 몫을 했으니 이제 다른 사람들이 무얼 할 수 있는지 보여줄 때라고 말한다. 아무런 질투를 느끼지 않으며, 자신을 소진하기에 바쁜 다른 사람들을 구경할 뿐이다.

오 시대여, 나는 이미 많은 것을 보았노라. 권좌가 무너지고 국가가 생겨났으며 철학은 세계를 주물렀으나, 20년 뒤 누렇게 바래 흔적도 찾아볼 수 없게 되었구나. 유행은 왔다가 사라지고, 인간은 태어나 죽어간다. 위대한 것과 영원한 것에만, 무덤에 가지고 갈 금고에만 집중하자꾸나. 전원에서 사는 노인은 젊게 남으려 환장한 늙은이보다 사회의 [노인] 부정에 그리 큰 관심을 가지지 않는다. 늙은이는 그를 짓밟고 지나간 시간을 따라잡겠다며 호들갑을 떨지만, 전원의 노인은 간단히 시간을 부정하고 시인처럼 영원만 노래한다. 그러나 양쪽 모두 허위 속에서, 허황된 믿음 속에서 살아갈 뿐이다.

자신이 늙어가는 이로 살아간다는 것을 받아들이기로 시
도한 사람은 거짓말을 포기하기는 한다. 그러나 그럼에도 그는
애매함에 빠져 달아날 수 없다. 결국 노인은 활짝 열린 모순에
피할 수 없이 직면해야 한다. 자기 부정을 받아들인 것은, 이 부
정에 저항하려고 들고 일어나야만 자기 자신을 지킬 수 있다는
사실을 알았기 때문이다. 그러나 저항이 애초부터 좌절을 선고
받았다는 점도 노인은 안다. 이런 사실의 인정은 곧, 뒤집을 수
없는 죽음을 받아들이는 긍정이다. 노인은 자기 부정과 파괴에
"안 돼!" 하고 저항하는 동시에 "알았다" 하고 그것을 인정한다.
아무런 전망이 없는 부정에서만 노인은 피할 수 없는 죽음에 오
롯이 자기 자신으로 맞설 수 있기 때문이다. 노인은 자아의 포기
를 강요당하는 획일적 일상에서 자신을 잃어버리지 않는다. 그
러면서도 노인은 정신병원에서 묵을 거처를 찾는다. 여전히 젊
음이라는 마스크를 쓴 것처럼 자신을 기만하며, 거짓으로 묵직
한 황혼의 노년이라는 목가적 풍경에 매달린다.

노인은 사회가 요구한 바로 그대로다. 노인은 아무것도 아
니다. 그리고 이 아무것도 아님을 인정할 때에만 누군가다. 노
인은 타인이 자신을 바라보는 시선 안에 녹아 있는 부정이 자기
문제임을 알아차리고 그에 저항하려 몸을 일으킨다. 노인은 실
행할 수 없는 일을 하려 과감히 떨쳐 일어난다. 아마도 이게 노
인에게 주어진 유일한 기회, 진정 품위 있게 늙어갈 유일한 가
능성이리라.

더는
알 수 없는 세상

세상으로부터의 소외

빠르든 늦든 누구나 언젠가는 더는 알 수 없는 세상이라고 한탄할 문턱에 이르기 마련이다. 대개 지레 실망부터 하지 않는 올곧은 자세로 감당하려 하지만, 자기만큼은 그렇지 않다고 자기기만에 빠지는, 물론 그리 강하지는 않은 자기기만에 빠지는 이도 적지 않다. 사회적 노화의 이런 측면, 아주 넓은 의미에서 문화적인 나이 먹어감은 상당히 오래 걸리고, 그래서 극적이라고 할 것은 전혀 없는 연속적 통찰의 과정이다.

과정의 출발은 흔히 시대의 '문화적 은어'라고 하는 것에 느끼는 막연한 저항감이다. 늙어가는 사람은 자신도 그런 은어를 써야 할지 하는 물음을 진지하게 받아들이려 하지 않는다. 자신은 그저 철 지난 용어만 고집한다. 그가 생각하듯 자기가 쓰는 말이 순수한 언어, 언어 그 자체라서 그런 것은 아니다. 늙어가는 사람은 신문이나 잡지를 읽으며 은어가 등장하는 것에 가벼운 불편함을 느낀다.

유행, 속물근성, 각종 주의들, 아는 척 뻐기는 행위 따위를 거부하면서도 그저 어깨만 으쓱하며 체념하고 받아들이는 경향을 보이는 게 문화적으로 늙어가는 사람의 태도다. 거부감이 들지만 이를 감수하는 이유는 늙은이의 퇴행적인 고집이라고 따돌림을 당하는 것은 아닐까 두려워하기 때문이다. 새로운 것, 익숙하지 않은 것을 바라보는 막연한 저항감, 다분히 통속적인 저항감은 정신사를 잘 아는 교양인에게 익히 알려진, 끊임없이 되풀이되는 현상이다. 1874년 파리에서 인상주의 화가들의 첫 전시회가 열렸을 때 무슨 일이 일어났던가. 왜 그런 일이 일어났으며, 모네*와 그 친구들에게 쏟아진 저항감은 결국 어떤 근거로 얼굴 화끈거리는 창피함으로 바뀌었을까?

그러나 오늘날에도 레트리즘, 그게 인프라레트리즘이든 울트라레트리즘이든, 아무튼 이 기괴한 문학운동을 바라보는 혐오는 여전히 쉽게 가라앉지 않는다.✦ 그건 그저 알아듣지 못할 이야기일 뿐이다. 늙어가는 사람이 새로운 현상에 보이는 거부감은, '감각 바꾸기'라는 지적으로 대단히 힘든 작업을 요구하는 문화적 현상에만 국한하는 게 아니다. 그저 부차적으로만 보이는 현상, 이를테면 옷의 유행에도 반감은 고스란히 드러난다.

최신 유행을 다룬 여성잡지를 뒤적이던 A는 새 모델이 말할 수 없이 불편했으며, 어처구니없게만 보였다. 물론 그녀 자신은 다음번에 옷을 해 입을 때 유행의 추세를 무시하지 못할 거라는 사실을 잘 알기는 했다. 그럼에도 어느 모로 보나 어처구니없을 정도의 기괴함이 불편한 것은 어쩔 수가 없다. A는 비슷한 일이 있을 때마다 그래왔듯 앨범을 찾아 펼쳐들고, 올해의 유행 디자이너가 부담을 안긴 혼란스러운 의상과 달리 뭐가 진짜 예쁘고 입을 만했는지 자신의 기호에 맞는 의상을 찾아보았다. 1930년대 후반의 사진은 척 보기만 해도, 이미 앨범을 꺼내들 때부터 짐작했던 느낌, 이미 충분히 경험해보았으며 익히 아는 사실임에도 거부했던 그 느낌이 고스란히 맞는다는 것을

- Claude Monet(1840~1926). 프랑스의 인상주의 화가. 밝고 강렬한 색채를 주로 쓰는 인상주의 화풍의 개척자다.
- ✦ Lettrisme. 1960년대 후반 프랑스에서 성행한 문학운동. 다다이즘과 초현실주의의 영향을 받아 단어의 뜻보다 글자가 모여 내는 소리 효과에 주목하는 흐름이다. 인프라Infra나 울트라Ultra 같이 소리 울림이 비슷한 것을 마구 뒤섞는다.

확인해준다. 그녀가 젊었던 시절의 유행, 기억으로 구성된 자아의 중요한 부분을 이루는 철지난 유행은 다음 시즌을 위해 예고된 최신 유행만큼이나, 아니 그보다 훨씬 더 기괴하고 끔찍했다. 철지난 유행과 최신 유행은 마치 한 나무의 다른 가지처럼 방향만 달리 뻗었을 뿐이다. 뺨까지 굽이쳐 내린 머릿결, 거의 발목까지 덮은 치마, 우스꽝스러울 정도로 오목하게 허리를 판 재킷, 뽕을 넣어 솟아오르게 만든 어깨, 무어라 형언하기 힘들 정도로 기묘하게 테두리가 넓은 모자, 짙게 그린 아이라인, 이 모든 게 정말 멍청해 보인다고 A는 고개를 절레절레 흔들었다.

어떻게 그런 게 한때는 그녀와 다른 여인의 마음을 사로잡을 수 있었을까? 당시 A는 지극히 평범한 일조차 결코 간단치 않다는 것을 경험해야만 했다. 유행의 요구를 따르는 것은 정말 힘든 일이었다. 철지난 유행, 오래전의 유행은 우리가 익히 아는 것이고 시대에 추월당한 것이기에 그처럼 우스꽝스럽고 창피한 느낌을 불러일으킨다고 그렇게 단순히 말할 수 있을까? 정말 그렇다면 역사적인 사실, 즉 우리가 직접 목격하지 못해 잘 알지 못하는 오래전의 역사적 사실이 그런 느낌을 주지 않는 것은 어떻게 설명해야 좋을까? 두 눈으로 직접 보지 않고 기억을 통해 떠오른 과거의 사실은 조금도 우스꽝스럽지 않다. A는 앨범을 덮고 눈을 감았다. 과거의 일을 떠올리려 기억 속으로 침잠해본다. 모자, 뽕을 넣은 재킷, 발목까지 덮는 긴 치마는 이제 그녀 자신의 고유한 것으로 생생히 느껴진다. 진했던 아이라인은 그녀가 직접 그려 넣은 것으로 그 매혹적인 효과가 다시금 온전하리라는 확신이 가슴을 채운다. 당시 뺨까지 흘러내렸던 굽실한 머릿결은 다시 손으로 만져질 수 있을 것 같은 느낌을 주면서 1938년의 우아함을 회복했다. 촌스럽다던 우스꽝스러움은 깨끗이 사라졌다. A는 옛 사진들을 보면서 억눌렸던, 새 유행에 품은 반감을 다시금 익숙하게 떠올렸다. 물론 새 유행의 창조를 디자이너의 영감이라 치켜세우며 자신의 확신과는 다른 최신 유행의 옷을 입기는 하리라. 안타깝지만 사회를 무시할 수는 없기 때문이다. 그러나 그녀 자신은 시대에 맞는 옷을 벗어던지고 과거 처녀의 모습으로 남고 싶은 마음이 간절했다. 자존감을 문제 삼게 만드는 최신 유행의 사진으로부터 자신을 보호하고 싶었다. 그러나 과거의 유행은 오늘의 시선으로 깨어졌고, 빛을 잃었으며, 변화했다. 어제의 의상에게 그 진정성을 다시금 회복할 수 있게 해주는 것은 기억일 뿐이다. 기억을 통한 다분히 주관적인 이런 느낌은 두뇌 작용이라는 객관적인 물질작용으로는 전혀 설명할 수 없는 것이다. 그럼에도 이 사뭇 비현실적인 기억의 느낌은 사진이라는 손으로 만져질 것만 같은 물질적 현실보다 훨씬 더 현실적이다.

그렇다고 해서 늙어가는 사람이 문화적으로 소외되었다고 말하려는 것은 아니다. 자신에게 다가오는 새로운 것을 그러지 말아야 한다고 다짐하면서도 마뜩잖게 여기는 늙어가는 이의 고집 센 태도가 곧장 문화적 소외로 연결되는 것은 아니다. 그러나 이미 시작되기는 했다. 우리는 A의 체험, 늙어가는 사람이라면 누구나 원할 때마다 되풀이해볼 수 있는 지극히 진부한 경험의 구체적인 정황을 일체 숨아버리고 그 속에 숨은 근본 사실을 파악해야 한다. A는 앨범을 뒤적이며 살펴본 당시의 유행을 현재라는 표시 체계 안에서 바라보는 탓에 긴장관계에 빠지고 만다. 그러나 당시의 유행이라는 똑같은 사실을 회상으로 되돌려보는 과정에서는 당시의 표시 체계로 보기 때문에 그 본래 감정이 떠오른다.

문화적으로 소외된 노인은 잘 알지 못하는 표시 체계, 곧 전혀 새로운 신호로 가득한 상황에서 길을 찾느라 어려움을 겪는 사람에 비유할 수 있다. 이를테면 처음 영국을 여행하는 자동차 운전자는 교통 표지판이 대륙과 다른 경우가 많아 자신감을 잃고 중압감에 사로잡혀 차를 천천히 몬다. 시대의 문화적 표시로 혼란을 겪는 늙어가는 사람도 마찬가지다. 여성의 훤히 드러난 팔뚝을 보며 A는 그게 새로운 유행임을 알면서도 자신이 젊었던 시절 그런 것을 도발적인 유혹이라 여기던 관점을 그대로 고집하며, 당시의 표시 체계 그대로 외설이라며 혀를 찬다. 그러나 현재의 표시 체계에서 그런 해석은 전혀 통하지 않는다. 벌거벗은 팔뚝이 에로틱한 유혹은 아니며, 무슨 성적 도발도 아니다. 또 자극이라는 것을 현재에는 외설이라는 범주로 간주하지도 않는다. 그러니까 표시의 의미는 그림으로 표현된 것과 반드시 일치하는 게 아니다. 오히려 표시는 다른 것과의 관계로 그 의미를 부여받는다. 곧 표시는 다른 모든 것과의 관계를 통해 그 의미를 규정받는다.

늙어가는 사람은 현재의 문화적 현상을 자신의 시대였던 과거라는 관계 지점에 따라 해석하려 시도하는 그만큼 현재로부터 소외된다. 그에게 미래이자 세계와 공간을 약속해주었던 그의 과거는 이미 흘러가버린 시간이기 때문이다. 이 소외로 비롯된 낯섦의 정체는 무기력한 거부와 불쾌감으로 표현되는 불안함이다. 오늘날 60대로 지적인 토론을 지켜보는 사람은 주로 합리주의 대 비합리주의의 갈등, 베르그송과 방다의 논쟁● 같은 것을 정신의 색채가 갈라지는 결정적인 지점으로 바라보는 경향이 강하다. 그러다가 마르크스주의자, 그가 나름대로 정당한 근거를 가지고 합리주의 진영을 수호하는 투사로 여겼던 마르크스주의자가 세월의 흐름과 더불어 점차 하이데거로 경도하는 것을 깨닫고, 시대정신이 미쳐버렸다고 탄식한다.◆ 자신이 젊었던 시절, 수학처럼 엄밀함을 자랑하던 철학이 마녀의 주문▲으로 전락하고 말았다는 한탄이다. 현재 인기리에 상영 중인 영화를 보며 시대의 논리를 더는 읽어낼 수 없을 때, 영화를 미학적으로 평가할 수 없을 뿐만 아니라 줄거리를 쫓아가기도 버거울 때, 그는 똑같은 걱정, 아니 공포에 사로잡힌다. 영화에 어지럽게 등장하는 새로운 표시 질서는 늙어가는 사람이 그 한복판에서 살았던 표시 구문론에서 볼 때 어떻게 해석해야 좋을지 전혀 가늠할 수 없기 때문이다. 마치 자신이 젊은 시절을 보낸 도시의 풍경이 달이 갈수록, 해를 거듭하면서 그 풍경이 바뀌어 길을 잃고 헤매는 노인의 처지 그대로다.

● 앙리 베르그송은(27쪽 역주 참고) 인생은 자연과학의 합리주의로는 설명되지 않는다는 입장을 대변했다. 쥘리앵 방다Julien Benda(1867~1956) 역시 프랑스 철학자인데, 합리주의에 기반을 둔 실재론을 강력히 옹호해 베르그송과 1912년에서 1914년까지 격렬한 논쟁을 벌였다.

◆ 마르틴 하이데거는 독일의 철학자로 현상학의 전통을 이어 실존주의를 펼쳤다. 베르그송의 생철학에도 깊은 영향을 받았으며, 사회적 실천의 문제보다는 서양철학의 비판에 주력했던 철학자다.(50쪽 역주도 참고) 본문의 표현은 한때 혁명을 꿈꾸던 마르크스주의자가 현실에 등을 돌리고 하이데거식의 담론에 빠졌다는 지적이다.

▲ '마녀의 주문'Hexeneinmaleins은 괴테의 『파우스트』에 등장하는 표현으로 젊어지는 물약을 만들어달라는 파우스트의 요구에 마녀가 외는 주문이다. 하나 더하기 하나가 둘이 아니라, 하나로도 열을 만들 수 있다는 내용으로 합리주의를 비꼬는 표현이다.

이제 그가 가진 세계지도는 아무짝에도 쓸모가 없다. 한때 영국과 프랑스의 식민지였던 나라가 속속 새로운 독립국가가 되었으며, 그 국가 이름조차 제대로 외울 수가 없다. 그래서 늙어가는 사람은 새로운 단어 조합과 문장 꾸밈이 내는 새로운 음의 연속이 얽힌 덤불 속에서 길을 찾지 못하고 헤맬 따름이다. 발음도 그렇고 그 구체적인 뜻은 더더욱 아리송하기만 하다. 더는 세상을 알 수 없어 헤매는 늙어가는 사람은 인내심으로 상대해주어야만 한다. 새롭게 쓰인 시가 무얼 뜻하는지 몰라서 보이는 보수적인 완고함은 물론이고, 마찬가지로 잘 알지 못해서, 이해할 수가 없어서 그냥 모든 걸 받아들이기로 한 관용이나, 성급한 그래서 부당한 긍정, 곧 새로운 나날이 그에게 가져다주는 모든 것을 그저 받아들이기만 하는 긍정 역시 인내심을 가지고 상대해줘야 올바른 대화의 실마리를 잡을 수 있다.

여기서 특히 유념해야 할 점은 이 표시 체계라는 게 동시대인 내부에서조차 지극히 커다란 편차를 드러낸다는 사실이다. 물론 모든 것을 총괄하는 하나의 상위 체계가, 비중을 새롭게 나누어주는 복잡한 과정의 결과물로 늘 구축되기는 한다. 이런 상위 체계는 예를 들어 우리 시대에 실존주의보다 구조주의를 앞세운다. 역사의 연대를 무시하고 인칭 표기의 의무를 지키려 하지 않는 새로운 소설이 실재론의, 특히 헤겔에 기반을 둔 마르쿠제식의 마르크스주의보다 선호된다. 이런 새 소설은 칸트학파의 막스 아들러와 비교해 심지어 상당한 진전을 이룬 것으로 평가되기도 한다.■ '아빠의 영화관' 같은 개념은 심

■ 헤르베르트 마르쿠제Herbert Marcuse(1898~1979)는 독일 출생으로 미국에서 활약한 철학자다. 유대 혈통을 이어받은 탓에 히틀러의 집권 이후 스위스를 거쳐 미국으로 망명했다. 프랑크푸르트학파에 가담해 비판적 사회주의 이론을 다듬는 일에 진력했다. 막스 아들러Max Adler(1873~1937)는 오스트리아의 법률가이자 사회철학자다. 칸트의 사상에 충실하게 마르크스주의를 이해하려 노력한 인물이다.

지어 일간지에 등장하기도 했다.* 늙어가는 사람 자신이 그런 개념을 필요로 했으며, 이로써 그 안에 포함된 가치관을 수용하기도 했다. 비록 불신과 불편함이 숨길 수 없게 배어나는 수용이기는 했다. 그때그때 지배적인 상위 체계 안에서, 일부 이 체계와 모순을 빚기는 하지만 결코 완전히 독립적이지 않은 특수 체계들이 성립한다. 서로 겹치는 부분도 적지 않으며, 애매한 미적 취향이 차이를 만들어내고, 합리적으로 접근해야 할 분야에서 분명치 않은 지적 도식으로 얼룩진 게 이 특수 체계들이다.

정신적으로 신실증주의를 지지하며 사는 사람은 구조주의자와는 다른 관점으로 방향을 잡아나가게 마련이다. 구조주의자는 다시금 신실증주의자뿐만 아니라 마르크스주의자, 실존주의자 혹은 현상학자와도 다른 근거에 기댄다. 어쨌거나 이 모든 주의의 공통점은 이미 추월당한 체계에 전혀 의존하지 않는 독립성을 자랑한다는 사실이다. 19세기에서 20세기로 넘어오던 전환기에 생철학이라고 불렸던 것은 이들에게 낯설고 아무 상관없는 것일 따름이다. 그런 한에서 이 모든 주의는 그 시대의 복합체 안에서 움직일 뿐이다. 어떤 체계의 포괄적인 정도가 크면 클수록, 그만큼 주관에게는 추상적인 동시에 별다른 차이를 가지지 않는다. 상위 혹은 시대 체계는 개인에게, 그 개인이 살아가는 밀접한 질서 체계보다 직접적인 영향력을 훨씬 덜 행사한다. 구조주의자는 자신이 고른 철학의 개념을 마르크스주의 개념보다 훨씬 더 중시한다. 그러나 구조주의자는 마르크스주의와 더불어, 테오도어 레싱*이나 루트비히 클라게스▲

중심의 체계보다는 마르크스주의의 질서 체계에 더 쉽게 접근할 수 있다. 가장 촘촘하고 구체적인 체계는 물론 개인이다. 개인의 중심은 더는 '시대정신'이 아니며, 이런저런 이론도 아니고 그 구체적 인격체를 가지는 개인 자신일 따름이다. 개인이 자랑하는 근거는 그의 심리적 사실이며, 말 그대로 감정으로 채색되어 실존적 농밀함을 자랑한다.

어떤 특정 표시 체계의 중심을 이루는 것은 개인이기 때문에, 개인의 존재 없이는 체계가 성립할 수 없기 때문에, 늙어가는 사람은 자신의 눈앞에서 생겨나지만 갈수록 자신의 영향력으로부터 멀어지는 시대의 표시를 이해하기 아주 어려워한다. 근거가 되어야 할 자신의 존재가 타인에게 무시당한다는 느낌으로, 늙어가는 인간은 괴로울 수밖에 없다. 늙어가는 사람은 『특성 없는 남자』에서 울리히가 그의 친구 발터와 나누는 대화를, 나프타와 세템브리니의 영적인 교류를, 장 바루아의 안티-교회권력주의 등을 하찮은 것으로 여기면서도, 그것들을 다만 역사적으로 흥미로운 것으로서 관찰하느라 애를 먹을 게 틀림없다.■ 또는 자신의 해묵은 사진을 바라보는 A와 같은 기분에 사로잡힐 수도 있다. 유대인 예수회 수사와 이탈리아의 프리

- • Papas Kino. 1962년에 첫 선을 보인 '새로운 독일 영화'Neuer Deutscher Film 운동이 기존 영화와 선을 긋기 위해 주창한 개념. 1950년대와 1960년대에 만들어진 시리즈 영화를 거부하자는 뜻으로 "아빠의 영화관은 죽었다"라는 구호를 외쳤다. 기성세대를 부정하는 뜻이 담긴 구호다.
- ◆ Theodor Lessing(1872~1933). 유대계의 독일 철학자이자, 정치평론가. 나치스 성향의 암살자에게 살해당했다. 염세주의 철학의 전통에 충실했던 사상가이다.
- ▲ Ludwig Klages(1872~1956). 독일의 철학자이자 심리학자. 이른바 '생철학'을 내세워 기술의 발전과 환경 파괴에 반대하는 운동을 펼쳐 생태운동의 선구자로 평가되는 인물이다.
- ■ 『특성 없는 남자』Mann ohne Eigenschaften는 오스트리아 작가 로베르트 무질Robert Musil(1880~1942)의 대표작이다. 주인공 울리히는 죽마고우인 발터로부터 '특성 없는 남자'라는 비난을 받는다. 이 소설은 오스트리아헝가리제국의 도덕과 지성의 쇠퇴를 비판하는 작품이

143

메이슨이 다보스의 희박한 공기 속에서 벌인 논쟁을 보며 아마 미소를 짓기도 하리라.● 마침 근대의 변증법 철학자가 쓴 글을 읽다가 이 논쟁을 접하게 되었기 때문이다. 그럼에도 1938년의 유행을 떠올리는 A처럼 한동안 변증법을 무시하고 논쟁의 핵심을 '기억함'으로써 체험한다면, 결국 오늘날 변증범이 교환함을 아무짝에도 쓸모없는 수다 떨기로 간주하게 되리라. 저기압과 고기압을 오가는 변덕스러운 말장난이라고나 할까. 체계의 핵심, 그 체계에 힘을 불어넣어주며 질서를 만들어주는 중심은 어디까지나 개인의 자아이기 때문이다. 이 자아를 구성하는 요소는 자아가 맺는 모든 관계다. 그러니까 이 체계에 등장하는 모든 인물은 개인의 자아를 구성하는 부분이다.

사정이 그렇다면 늙어가는 인간에게 그 시대의 상위 체계는 그 개인의 강력하게 변화한 요소를 포함하는 탓에, 결국 늙어가는 인간의 소외는 전면적으로 이뤄지는 총체적인 소외다. 다시 말해서 그에게 남아 있는 탈출구는 오로지 그를 더욱 깊어지는 소외로 이끌 뿐이다. 늙어가는 인간이 자신에게 주어진 체계에 간결한 거부로 대답한다면, 그는 시대로부터 빠져나와 세계의 이방인, 속내를 알 수 없는 괴짜가 될 뿐이다. 아, 오늘날 철학이라 불리는 모든 게 그저 아무 위로도 주지 못하는 서툰 헛소리, 공허한 장광설에 지나지 않았구나! 예술이라 포장된 회화는 무의미한 졸작일 뿐이며, 시라고 쓰인 것은 무정부

다. 나프타와 세템브리니는 토마스 만의 『마의 산』에 등장하는 인물이다. 장 바루아는 프랑스 작가 로제 마르탱 뒤 가르Roger Martin du Gard(1881~1958)의 작품 『장 바루아』의 주인공 이름이다. 이 작품은 드레퓌스 사건을 지켜보는 지식인의 고뇌를 그렸다. 마르탱 뒤 가르는 1937년 노벨 문학상을 받았다.

● 나프타와 세템브리니의 논쟁을 염두한 표현이다. 프리메이슨은 계몽주의를 기조로 1717년에 런던에서 결성되어 세계 동포주의, 인도주의 운동을 벌인 비밀결사단체를 말한다.

주의자의 사기에 가까운 말장난이었구나! 그러나 새로운 체계를 받아들이기로 한다면, 그 대가로 자신의 개인 체계가 무너지는 것을 감수해야만 한다. 그렇다면 어제만 해도 자신의 본래적인 자아였던 것을 포기함으로써, 말 그대로의 정확한 의미에서 비非본래적인 자신이 될 수밖에 없다. 도대체 뭐가 뭔지 모를 이 애매한 거래로 A는 지배 체계의 구성원 가운데 한 명이라는 인정조차 받아내지 못한다. 젊은 구성원들은 노인이 그나마 '열린 자세'를 갖추었다고 입에 발린 칭송은 하리라.

  결국 늙어가는 인간은 누구도 자신을 올바로 이해해주지 않음을 알고 가슴을 치며 괴로워한다. 이게 그가 처한 상황의 실상이다. 새로운 표시와 그 관계는 오로지 그 고안과 배열에 참여한 사람에게만 완전히 유효하며 그들만이 쉽게 알아볼 수 있을 따름이다. 그러니까 사회의 각종 표시는 그것을 창조한 사람만 알 수 있다. 알지 못하는 교통 표지판 사이에서 헤매는 자동차 운전자처럼, 옛날만 기억하는 낯선 손님은 곤욕을 치러야만 한다.

문화적 노화

오래전부터 A는 영민하면서도 기민한 현대문학 평론가와 보조를 맞추려 노력해왔다. 그 평론가는 어린 시절부터 알던 친구 작가, 곧 슈바벤 지방 출신으로 국적을 스위스로 옮긴 헤르만 헤세를 거침없이 통속소설 작가로 선포해버렸다. 이제 A는 그 자신도 가엾은 헤세에게 무조건적인 충절을 보일 수 없음을 깨달았다. 데미안과 그의 소설 속 친구 피스토리우스가 이글거리며 타는 석탄을 함께 숨죽이고 응시하는 장면을 읽고 나자 그 통속적 묘사에 손발이 오글거리는 것을 참을 수 없었기 때문이다. 페터 카멘친트가 부유한 집안의 딸 뢰지 기르타너를 향해 불태우는 사랑은 정말이지 통속 그 자체였다. 황야의 늑대 하리 할러가 남성성과 여성성을 동시에 가진 헤르미네에게 품는 열정은 한껏 고상하게 꾸며지기는 했지만, 우연하게도 이 소설을 다시 펼쳐든 A에게는 한 편의 코미디에 지나지 않았다.● 어이쿠, 50대의 늙은 남자가 뒤늦게 예쁜 처녀와 잠을 자는 게 기분 좋은 일이라는 것을 배웠구나! 아무래도 헤세는 사소한 이야기를 가지고 너무 부풀린 게 아닐까. 그러나 그처럼 거침없이 통속이라는 단어를 쓰는 것은 A가 보기에 지나치게 무모한 일인 것만 같다.

A는 현대문학 비평가의 격렬한 비난에 반기를 들고 노인에게 관용을 베풀 것을 권하고 싶었다. 물론 A 자신도 새로운 것에 관용을 보일 각오가 되었다. 그러고 보니 관용이라고 해서 똑같은 관용일 수는 없다는 사실을 잘 아는 A였다. 새로운 것은, 아주 간단하게 말해서, 시간상으로 앞서 간다는 점에서 항상 옳다. 그렇다면 통속과 문화적 늙어감의 경우는 시간에 뒤처지는 것일까? A는 자문하지 않을 수 없었다. 유행이라는 것도 마찬가지일까? 아쉽지만 '어제'라는 이 어느 모로 보나 충분한 이유로, 어제의 모델은 창피하며 우스꽝스럽고 가슴이 아

릴 정도로 아픈 부끄러움에 지나지 않을까? 아마도. 어쨌거나 눈에 띄게 두드러지는 점은 유행에서든 문학의 미학에서든 역사적인 것은, 그게 전래된 교양으로 신성시되지 않는다 할지라도, 문화적으로 늙는다는 과정을 겪지 않는다. 로헨슈타인과 호프만스발다우는 공작의 깃털처럼 꾸며진 머리 모양이 기묘하기는 하지만 우스꽝스럽지는 않다.♦ 그것은 르네상스 시대의 남성에게 유행이었기 때문이다.

폭소를 터뜨리게 만드는 동시에 얼굴이 화끈거릴 정도로 창피한 것, 곧 통속은 언제나 어제 유행으로 체험된 것이라고 A는 생각했다. 그러니까 역사로 자리 잡지 못한 어제의 유행만 낡고 늙은 것으로 여겨질 따름이다. 헤세, 귀엽다는 형용사를 붙일 수 있는 그의 문학은 어제의 것이며, 어제 인기를 누렸다. 다시 말해서 대량소비로 닳아버렸으며 가치를 잃고 말았다. 헤세가 귀여움에 몰두하던 때와 같은 시기에 차갑게 인간 실존의 전율을 써내려간 카프카▲는 통속화 과정에 조금도 사로잡히지 않

⟫ 모늬 얼 수 없는 세상 ⟫

● 헤르만 헤세Hermann Hesse(1877~1962)는 독일어를 모국어로 쓴 작가다. 슈바벤에서 태어나 스위스로 이주해 살았다. 1946년 노벨 문학상을 수상했다. 본문에 등장하는 인물들은 모두 헤세의 작품에 나오는 캐릭터다. 『데미안』Demian(1919)에서 피스토리우스는 데미안의 정신적 스승 역할을 하는 인물이다. 헤세의 첫 소설 『페터 카멘친트』Peter Camenzind(1904)에서 뢰지 기르타너는 카멘친트의 첫사랑이다. 『황야의 늑대』Steppenwolf(1927)의 주인공 하리 할러는 중년의 신사로, 춤을 추다 만난 헤르미네에게 열정을 불태운다.

♦ 로헨슈타인Daniel Casper von Lohenstein(1635~1683)은 독일의 법률가이자 외교관이며 번역가였다. 호프만스발다우Christian Hoffmann von Hoffmannswaldau(1616~1679)는 독일의 시인이다. 두 남자 모두 머리를 길게 길러 공작새 깃털 모양처럼 꾸몄다.

▲ Franz Kafka(1883~1924). 오스트리아헝가리제국의 소설가. 현재의 체코 수도 프라하에서 유대인 혈통으로 태어나 보험회사에 근무하며 틈틈이 독일어로 작품을 썼다. 생시에 발표된 작품은 손꼽을 정도이며, 대부분 사후에 유작으로 발표되었다. 유고를 발표하지 말아달라고 유언했음에도 친구 막스 브로트Max Brod가 그 탁월한 문학성이 묻히는 게 아쉬워 작품들을 출간했다. 세계문학의 최고봉으로 꼽히는 작품은 이렇게 해서 살아남았다.

았다. 카프카의 작품이 헤세의 귀여운 그것과 전혀 다른 요소로 구성되었기 때문에 그런 것은 아니다. 말이 나온 김에 짚어보자면 다른 누구도 아닌 헤세가 카프카의 문학을 읽어보라고 힘주어 권고한 최초의 인물 가운데 한 명이라는 게 순전한 우연의 일지일까? 카프카가 통속화 과성에 사로삽히지 않은 섯은 이 프라하 시민이 슈바벤 출신의 스위스 남자와 반대로 단 한번도 동시대의 유행으로 부상한 적이 없기 때문이다. 카프카 열풍은 그가 세상에 더는 존재하지 않았을 때 비로소 일어났다. 오히려 카프카 열풍은 일종의 안티 유행이라는 태도로 출현했으며, 역사적인 동시에 미래를 제시하는 성격을 갖추었다.

A는 미적 취향과 지성의 변화 과정을 자신의 능력이 허락하는 한 생생하게 그려보고자 시도했다. 그럴수록 자신이 문화적으로 시대에 맞지 않다는 사실을 절감하지 않을 수 없었다. 그는 치유할 수 없을 정도로 시대에 뒤처졌다. 귀여움의 통속성을 머리로는 이해하면서도 그게 구체적으로 무엇인지 감각으로 생생하게 잡아낼 수는 없기 때문이다. 그저 추상적이고 이론적으로만 그려볼 수 있을 뿐이다. 비판적인 두뇌는 길을 잘못 들어선 게 틀림없다. '귀여움'이라는 게 젊은 헤세가 살았던 표시 체계 안에서 다른 표시들과 어떤 관계를 가졌는지 알아볼 노력을 기울이지 않았기 때문이다. 통속성이라는 혐의를 뒤집어쓴 '귀엽다'는 형용사는 당시 일상 언어의 다른 표현들과 어떤 관계를 가졌을까? 그때 유행한 옷, 교과서에 등장한 민요 가사 따위의 흐름, 곧 당시에는 '최신'이었던 표시와 무슨 관계였을까?

뢰지 기르타너와 같은 처녀는 신딩*의 〈봄의 도취〉를 피아노로 연주했다. 릴리엔크론◆의 서정시가 즐겨 암송되었다. 슈토름▲은 죽은 지 그리 오래되지 않았다. 귀여움은 아직 귀여움이 아니었으며, 헤세는 헤세가 아니었다. 1800년 이전의 횔덜린이 아직 횔덜린이 아니었듯.■ 그 왕성한 필력을 자랑한 비평가는 이런 점을 고려하지 않았으리라, 하고 A는 생각했다. 오로지 표시의 집합 안에서만 의미를 가지는 특정 표시를 두고 그 비평가는 자신의 잣대만으로 옳고 그름을 판단했다. 그러나 헤세에게 비판적인 심판관을 그렇다고 곧장 무시할 수는 없다. 그는 자신의 시대를 사는 남자로서 자기 시대의 표시 체계를 함께 세울 권리를 사용했을 따름이다. 그리고 헤세의 표시를 새로운 관계에 집어넣어 새롭게 평가하고 바꾸어냈다. 그의 이런 시도가 허락될 수 없는 것은 아니다.

체계라는 것은 정적으로 머물러 있는 게 아니라 끊임없는 혁신의 과정을 겪는다. 귀여움과 헤세, 횔덜린과 "바람 속에서 말을 잃고 우두커니 서 있는 장벽", 또 꼭 끌어다대야만 한다면 데멜과 "자글로니 글라이아 클리랄라"▼는 해가 바뀔 때마다 새로운 표시 질서에 넣어져 그 의미가 바뀐다. 그 비평가는 표시의 정리자로, 의미를 부여하거나 받아들이는 자신의 역할에 충

● Christian Sinding(1856~1941). 노르웨이의 작곡가. 본문에서 언급한 곡 〈봄의 도취〉Frühlingsrauschen는 그의 가장 유명한 작품으로 1896년에 작곡되었다.
◆ Detlev von Liliencron(1844~1909). 독일의 서정시인.
▲ Theodor Storm(1817~1888). 독일의 작가이자 시인.
■ 횔덜린Friedrich Hölderlin(1770~1843)은 독일 문학사에서 가장 중요하게 여겨지는 시인이다. 본문의 표현은 1800년에 이르러 독보적인 위상을 차지하는 횔덜린의 작품 세계를 염두에 둔 것이다.
▼ 데멜Richard Dehmel(1863~1920)은 독일의 시인이다. 본문에서 인용한 'djagloni gleia klirrlala'는 데멜이 쓴 권주가에 나오는 것으로 아무 의미를 가지지 않는 의성어다. 술잔이 부딪치며 내는 소리를 흉내 낸 것이라고 한다.

실했을 뿐이다. 그런 활동은 하도록 인정해주어야만 한다.

어쨌거나. A가 인정해줄 것인지 아닌지 하는 물음을 받은 것은 아니다. 그의 고민은 제아무리 날카로운 비판력을 자랑하는 두뇌일지라도 늘 옳을 수만은 없다는 깨달음으로 끝나고 말았다. A는 비평가를 상대로 결코 이길 수 없음을 인성하지 않을 수 없었다. A가 그동안 살며 겪은 현상은 곧, 지워질 수 없는 그만의 특수함이다. 다시 말해서 그 현상은 A라는 개인적 체계 내에서만 이해될 수 있는 표시다. 이 체계 내의 표시는 타인과 소통하는 데 필요한 공통성을 가지기는 한다. 귀여움이라는 것은 신딩의 피아노곡 〈봄의 도취〉를 연주하는 처녀나 당시 일간지 기사, 이제는 낡아버린 최신 뉴스에서만 등장하는 것은 아니지 않은가. 그러나 A의 표시 체계는 지극히 개인적인 측면도 가진다. 이를테면 그가 헤세의 소설이나 데멜의 "자글로니 글라이아 클리랄라"를 읽을 때 살았던 집, 거리, 도시 또는 그가 사랑했던 처녀들은 물론이고 이보다 훨씬 더 사소한 것, 곧 그가 즐겨 입던 옷이나 단골로 찾던 카페는 그만이 아는 지극히 개인적인 것이다. 이처럼 A만 아는 체험으로 어떻게 비평가에게 그게 아니라고, 내가 직접 겪어본 바로는 당시 전혀 다른 의미였다고 설득할 수 있으랴.

A 자신이 개인 체계, 그 인생의 향기를 오랜 세월 동안 지녀온 탓에 그의 개인적 체취가 되어버린 그 체계로부터 빠져나오는 것은 전혀 불가능하다. A는 한때 전위 예술가를 자처했던 에르네스트 앙세르메•가 왜 돌연 12음 음악을 반대하는 지극히 보수적인 책을 썼는지 그 이유를 알 것 같았다. 전위 예술가

가 전위 예술을 반대할 수밖에 없었던 것은 자신의 개인 체계로부터 놓여나지 못한 결과이리라.

왕년의 반항아 코코슈카*가 현대회화를 향해 격분하던 장면을 지켜보았던 A는 어째서 그런 낯 뜨거운 장면이 연출되었는지 비로소 짐작이 갔다. 코코슈카와 앙세르메보다 훨씬 더 젊은 A가 자기 개인 체계의 표시로 분신처럼 굳어진 귀여움을 떨칠 수 없었듯, 위대한 지휘자 앙세르메와 화가 코코슈카는 이들이 1910년대에 선보인 전위가 젊은 세대에게 추월당해 그 새로움의 빛을 잃고 말았다는 것을 믿기 힘들었으리라. 그렇다, 앙세르메와 코코슈카의 전위는 더는 넘어설 수 없는 궁극적 전위가 아니었다.

노력만 한다면, 오늘의 질서를 한눈에 알아볼 수 있게 해주는 새로운 표시를, 전부는 아닐지라도 어느 정도 배울 수 있다고 A는 자신에게 다짐했다. 맞는 말이다. 열여섯의 나이로 사랑에 빠졌던 릴리엔크론, 좀 더 뒤에 읽은 릴케 그리고 그 뒤를 이은 하임, 트라클, 베르펠, 에렌슈타인의 주옥같은 시는 끝 모를 즐거움을 안겨주었다.▲ 모두 그의 개인 체계를 이루어준 부분이다. 모든 게 이런 식으로 계속되리라. 그러나 지금 자신 앞

● Ernest Ansermet(1883~1969). 스위스 출신의 지휘자다. 수학 교사 출신으로 1917년 피카소, 장 콕토 등과 손잡고 전위음악을 시도했다. 12음 음악, 일명 음렬주의는 조성에 기반을 둔 기존 음악 형식을 깨고 음렬의 모든 음이 순서대로 쓰이는 무조음악이다. 20세기 초에 아르놀트 쇤베르크Arnold Schönberg(1874~1951)가 처음으로 시도했다.

◆ 코코슈카Oskar Kokoschka(1886~1980)는 오스트리아 출신의 화가이자 극작가다. 표현주의를 개척한 인물로 1911년에 발표한 연극 «불타는 가시밭»Der brennende Dornbusch은 그 전위적 기법으로 일대 스캔들을 불러일으켰다.

▲ 릴케Rainer Maria Rilke(1875~1926)는 오스트리아의 시인이자 작가로, 20세기 최고의 시인으로 꼽히는 인물이다. 하임Georg Heym(1887~1912)은 독일의 시인으로 초기 표현주의를 대표한다. 트라클Georg Trakl(1887~1914)은 오스트리아 출신의 시인이다. 표현주의를 시도했다. 베르펠Franz Werfel(1890~1945)은 오스트리아의 시인으로 유대 혈통

151

에 놓인 한 편의 시에 A는 넋을 잃었다. "태초에 개라는 말씀은 단어였으되/신은 개요, 개가 신이라, 개라는 단어는 고기를 뜻했으니/개가 되어 우리 가운데 살았느니라." 이 무슨 말이 되지 않는 말장난인가. "샤르 슐라이 슐로트 슌트, 플로트, 이 모든 것은 조잡함schund이라."schar schlei schlott schund flott war das wort schund. 운만 맞춰놓으면 정말 시가 된다고 믿는 것일까? 양심의 가책이라고는 모르는 그저 흉악한 말장난일 따름이다. 이게 뭐지 싶어 얼이 나가 머리를 싸안을 정도로 새로운 것도 아니다. A의 얼굴에는 헛웃음도, 그렇다고 보수의 분노도 나타나지 않았다.

그는 그런 표현의 구문론을 얼추 밝혀주는 이론서를 여기저기서 찾아 읽어보았다. 진심으로 알고 싶어 기울인 노력이었다. 그러나 시를 사랑하는 수고는 헛되었으며, 도무지 친숙해질 수 없었다. ―아, '자글로니'는 어디로 사라진 것일까? ― '슐로트 슌트'로? 돌연 A는 늙어가는 사람에게는 지금껏 자신을 떠받들어주던 몸이 말하자면 감당하기 어려운 짐, 벗어던지고픈 부담이 될 뿐만 아니라, 문화마저도 고통만 안긴다는 기괴한 사실을 깨닫고 몸서리를 쳤다. 헉헉대는 심장, 민감하기만 한 위장, 음식을 씹기조차 힘든 허약한 치아로 괴로운 마당에 시마저 고문이 되다니…….

매일 새로운 표시와 체계를 배우고 익혀야만 한다는 것은 더할 수 없는 고통이다. A에게는 1945년에서 1948년 사이에 프랑스 실존주의라는 정신적 지도를 해독하는 일만 해도 결코 쉽지 않았다. 실존주의의 어떤 글을 읽기가 무섭게 그 안에 쓰인 토포스topos, 곧 주요 개념어는 이미 버려졌으며, 새로운 경계 설정이 이루어졌다. 라캉, 푸코, 알튀세르는 앞다투어 표시 체계를 지어내고 코드를 선포하기에 바빴다.● 이를 사르트르 코드로 풀어보려 안간힘을 쓰며 A는 자신의 무능함을 인정하지 않을 수 없었다. 프루스트를 말하던 사람이 르 클레지오●의 말투를 따라잡기란 대단히 수고스러운 일이다. 수고를 마다하지 않고 미학 서적 연구를 시도한다면, "샤르 슐라이 슐로트 슌트 플로트"를 어느 정도 따라잡기는 하리라. 시대에 뒤처졌다는 의식과 엎드리고픈 경외심으로 그런 시를 읽는다면 기꺼이 모자를 벗으리라. 그러나 아예 그런 것을 보지 않았다면, 훨씬 더 편했을 것을. 더는 오를 수 없어 자신의 부정이나 다름없는 산을 망연히 올려다보는 것처럼, 현대문화의 표시 언어는 자아 부정으로 앞을 턱 가로막을 뿐이다. 물론 A는 산처럼 가로막은 현대문화를 향해 정당하게 "아니다!" 하고 외칠 수 있다. 마치 낭만주의자가 시대 흐름에 맞추어 불만에 찬 늙은 괴테를 부정했듯. 어쨌거나 자신이 살아온 표시 체계의 붕괴와 더불어 나란히 이뤄지는 개성의 파괴가 달가운 일일 수는 없다. 그는 등을 떠밀렸을 뿐이다.

탓에 나치스를 피해 미국으로 망명했다. 표현주의의 대가로 여겨지는 인물이다. 알베르트 에렌슈타인Albert Ehrenstein(1886~1950)과 카를 에렌슈타인Carl Ehrenstein(1892~1971) 형제 역시 오스트리아에서 유대인으로 태어나 미국과 영국으로 각각 망명해 활동한 표현주의 시인이다.

● 라캉Jacques Lacan(1901~1981)은 프랑스의 정신분석학자다. 프로이트 해석으로 명성을 얻었으며, 이른바 '포스트 구조주의'를 대표하는 인물이다. 푸코 Michel Foucault(1926~1984)는 프랑스 철학자로 '사유 체계의 역사'라는 이름으로 서양 정신 문화사를 폭넓게 연구했다. 알튀세르Louis Althusser(1918~1990)는 프랑스의 마르크스주의 철학자다. 마르크스주의를 구조주의와 연관짓는 연구를 선보였다.

● Jean-Marie Le Clézio. 1940년생의 프랑스 작가. 2008년 노벨 문학상을 받았다.

시대의 흐름, 그것을 두고 발전이라 부르든 아니든, 그런 것은 중요한 문제가 아니다. 그는 등을 떠밀려 무덤으로 굴러 떨어진다. 잠깐 숙연한 표정을 지을 뿐, 이내 구석 자리에서 음식을 먹으며 웃고 떠들 문상객을 맞고 싶은 생각은 조금도 없다.

사진 앨범을 슬그머니 밀쳐놓고 눈을 삼은 채 기억을 너듬어 자신이 살아낸 유행을 다시금 어제의 표시 체계로 되돌려보는 동년배 여인처럼, A는 누구도 더는 듣지 않으려 하는 데멜의 시구를 읊조렸다. 은근히 창피하다는 생각이 든다. "자글로니"로 무슨 아는 척하는 것 같다는 낯간지러운 느낌과, 눈물 젖은 눈으로 젊은 시절의 유행가 가락이나 흥얼거리는 늙은 멍청이처럼 행동한다는 자책감을 누를 수 없었기 때문이다.

인간의 문화적 실존은 그가 살아가는 사회적 실존의 한 형식이다. 그가 사회생활을 하는 폭이 어느 정도인가에 따라 그가 누리는 문화생활이 어떤가도 결정된다. 그러니까 사회적으로 맺는 관계가 지니는 성격에 따라 인간은 그가 현재 어떤 모습을 가지는지 정해지는 셈이다. 경계를 자유로이 넘나드는 문화생활이란 사실 가능하지 않다. 이미 쌓아둔 교양의 정도가 얼마나 크고 넓으냐에 따라 그 주인의 문화생활은 경직됨이라는 틀을 가진다. 그래서 몸이 나이를 먹어가면 갈수록 살덩이라는 질량이 되어버리고 힘을 잃어버리는 것처럼, 여기서 문화적 감성으로 이해된 정신 역시 마찬가지다. 정신은 시간의 흐름과 더불어 둔중하고 무거워지는 나머지 새로운 표시의 도전을 받아들이기 어려워진다.

대체 이런 마뜩잖은 상황과 인간은 어느 나이에 맞부딪칠까? 또 이것은 누구도 피할 수 없는 숙명일까? 아마도 청년기나 늦어도 중년에 이미 받아들였거나 심지어 스스로 창조해낸 그런 체계로 기존 질서를 앞서 가는 사람은 없을까? 그래서 늙어가거나 이미 늙었을 때 '시대정신'이 헐떡이며 뒤쫓아와 그 체계를 문화적 대세로 추인해주는 덕에 문화적 감성의 퇴행이라는 문제 자체가 성립하지 않을 수도 있을까? 그래서 경우에 따라서는 늙음의 승리라는 전대미문의 보상을 맛볼 수도 있을까?

첫 번째 물음에는 누구도 답을 줄 수 없다. 문화적 노화, 감성과 수용 의지의 퇴행, 매일 새롭게 등장하는 요구를 바라보는 피로감과 체념은 생리적인 노화 과정과 마찬가지로 개인적 편차가 심하다. 아마도 50이라는 나이가 전환점을 이루기는 하리라. 그러나 이것은 그저 애매한 짐작일 뿐, 여기서 믿을 만한 통계 자료란 없다. 그러나 두 번째 물음은 대답할 수 있다. 그것도 즉각. 물론 시대를 앞서 간다고 자신 있게 말할 수 있는 사람은 아무도 없다. 뭐가 전위인지는 누구도 모른다. 다만 뭐가 전위였는지 확인할 수 있을 뿐이다. 그러나 많은 창의적 정신은 시대를 앞서 왔다는 만족감으로 평안을 누렸다. 아르놀트 쇤베르크는 늙어가면서 또 늙어서 그의 핵심 체계, 곧 12음 음악이 지배적으로 자리 잡는 것을 체험했다. 젊어서 기존의 조형 질서 및 규칙을 혐오했던 대다수 위대한 화가들은 표현주의로 승리를 만끽했다. 물론 여기서 두 가지 점을 간과할 수는 없다. 우선 살아서 한때 승리를 맛본 이들의 체계는 다른 것에 추월당했으며, 대체되고 말았다는 게 그 하나다. 더 나아가 이들은 여러 특수 체계의 영역에서 중년에 이미 문화적으로 늙었다는 기분을 맛보았을 수도 있다. 언제나 시대에 앞선 음악을 선보인 어떤 위대한 음악가는 동시에 영화예술 면에서는 정신이 채 따라가지 못하는 지진아이기도 했다. 시인으로 새로운 표시 체계를 만들어낸 사람이 동시에 조형예술에서는 지극히 보수적인 취향을 가졌을 수도 있다.

　문화적 노화, 문화적 나이 먹어감으로 비롯되는 소외, 세계의 몰이해로 빚어진 세계 거부 등을 이론적으로 분명한 문장으로 몇몇이나마 잡아내기란 힘이 든다. 이러한 어려움은 여기서 체계라고 부른 것의 역동성과 포착 불가능함으로 생겨난다. 그때그때의 지배적인 상위 체계, 더 오래되고 흔한 표현을 빌린다면 시대정신이라고 할 수 있는 상위 체계는 개념으로 자리 잡을 수도 있을까? 그렇기도 하고 아니기도 하다. 개념으로 볼 수 있는 경우는 이렇다. 어떤 시대의 정신적 윤곽을 충분한 거리를 두고 그저 매일 벌어지는 문화생활을 보듯 쓱 훑어만 본다면, 분명 개념으로 부를 만한 체계가 존재한다. 이를테면 이 글이 쓰이던 1968년이라는 시점을 현재로 잡아보자. 그럼 이 시대의 정신이 가지는 윤곽을 나타내는 몇몇 대표 지점을 알아보기란 그리 어렵지 않은 일이다. 누벨 크리티크Nouvelle Critique(신비평), 새 영화, 실험 시, 부조리극, 팝아트, 해프닝 따위를 쓱 훑으면 번개 치듯 환해지며 그 형태가, 그저 몇 년도라는 시간 표기 이상인 일종의 통일성이 모습을 드러낸다. 개별적인 현상이 서로 모순을 일으킬지라도 분명 그런 통일성은 존재한다. 그러나 쓱 훑는 눈길이 아니라, 차분하게 자세히 들여다본다면 상위 체계라는 개념은 거두어들여야 마땅하다. 전체라는 통일성을 빚어주는 모든 징후가 깨끗이 사라지기 때문이다.

시대정신 혹은 상위 체계는 무수한 개별 체계들, 아무런
형태를 가지지 않는 산발적인 체계들에 지나지 않는다. 그렇다
면 동시성의 문화라는 구상은 자리 잡을 곳을 잃고 만다. 그저
연대기라는 추상적 사실만 남을 뿐이기 때문이다. 앙드레 지드
친구들의 사교 모임은 지드가 만들어낸 표시 체계 내에서만 그
정신적 친교를 나누었을 뿐, 파리에서『텔 켈』이라는 문예지를
중심으로 활동한 젊은 작가들의 아방가르드 그룹에는 신경조
차 쓰지 않았다.● 앵글로색슨의 신실증주의는 지칠 줄 모르고
그 질서 조직을 다듬는 데만 열중했을 뿐, 네오마르크스주의와
구조주의 같은 운동이 있다는 사실조차 알려 하지 않았다. 구
체음악의 팬들에게 12음 음악은 이미 한물간 것이었을 따름이
다. 반면, 음렬주의 작곡가들은 구체음악◆이야말로 막다른 골
목에 빠지고 말 것이라고 주장했다.

보수주의자들은 추상미술과 네오리얼리즘 회화, 음렬주
의 음악과 구체음악, 신실증주의와 구조주의의 분석을 싸잡아
새 유행만 추구하는 허튼짓이라고 비난할 뿐이다. 지배적 상위
체계가 존재하면서도 오로지 이러한 보수주의자에게만 존재
한다는 모순, 그러니까 시대정신이라는 게 있으면서 동시에 없

● 앙드레 지드André Gide(1869~1951)는 프랑스의 작가로 시대를 대표
하는 양심이라는 평가를 받았다. 1947년 노벨 문학상을 수상했다.『텔
켈』Tel Quel은 1960년대와 1970년대에 걸쳐 일어난 문학 비평 운동의
중심을 이룬 문예지다. '있는 그대로'라는 뜻으로, 시장에서는 가장 낮
은 품질의 상품을 이르는 표현이다. 미셸 푸코, 자크 데리다, 롤랑 바르
트 등이 필진으로 활발하게 참여했다.

◆ Musique concrète. 전자음악 초기의 한 형태로, 1948년 프랑스
방송국의 작곡가이자 기술자 피에르 셰페르Pierre Schaeffer(1910~1995)
가 이런 이름을 붙였다. 기차 소리나 동물 울음 혹은 악기 음을 녹음해
기계적·전기적으로 조작하거나 겹쳐서 음악을 만들었다.

다는 모순은 일견 사소한 것처럼 보인다. 숲이 있으면 이 숲에 여러 부분이 있어야 하며, 결국에 가서는 하나하나의 나무도 있어야만 하는 것은 당연한 이야기이지 않은가. 그러나 문화적 노화를 살펴보는 우리의 맥락에서 그 자체로 진부한 이 모순은 사소함이나 중요함이라는 기준으로 다룰 수 없는 실존의 문제가 된다. 상위 체계(숲)와 인프라시스템(부분)과 개개의 현상들(나무들)이라는 식의 현실 묘사로 간단하게 풀릴 것 같던 모순은 노인의 문화적 실존에 결정적 상처를 안긴다. 어쨌거나 문화적으로 늙어가는 사람은 보수적 교만함에 사로잡혀 있지 않다 하더라도, 늘 시간의 수레바퀴 아래 깔린 패배감과 소심함에 젖어 풀 길 없는 암호처럼 낯설게만 보이는 세상에 낙담할 따름이다.

그때그때의 지배적 상위 체계란 말하자면 가지를 뻗어나간 여러 다른 인프라시스템의 복합체이며, 문화적 동시성이라는 것은 실제 존재하지 않고, 모든 체계는 그 자신의 고유한 체계가 가진 요소를 포함하고 있으며, 아마도 그가 죽고 언젠가 그의 시스템이 변형된 형식으로 위대하게 부활하리라는 것 등은 늙어가는 인간에게 그다지 의미가 없는 이야기일 뿐이다. 그를 건드리는 것은, 그것도 골수에 사무치도록 아프게 만드는 것은 매일 새로워지는 시대로부터 자신은 버려지고 만다는 사실의 확인이다. 신문 기사마다, 현대미술의 전시회마다, 새롭게 출간된 책마다, 암시적으로 담긴 이러한 부정은 오늘날 특히 아픈 상처를 안긴다.

하루가 다르게 쏟아져 나오는 정보의 홍수는 모든 새로운 표시 체계를 극단적으로 축약시키는 결과를 불러왔다. 생겨나기가 무섭게 대중으로 광범위하게 퍼져나가는 약어는 심지어 초등학생의 입에까지 거침없이 오르내리며 기묘한 방식으로 민주화를 이루어냈다. 문화적으로 늙어가는 사람은 어떻게든 대화에 끼어보려, 생각할 수 있는 모든 노력을 기울이지만 단 한 번도 '끼어들지' 못한다. A는 마침 대중철학자 매클루언●의 책을 읽었다. 그다지 내키지 않았으나 반감을 성공적으로 물리치고, 존경받아 마땅한 노력의 자세를 보이며 간신히 읽어냈다. 대체 저자가 주장하고자 하는 바가 무엇일지 생각에 젖어 걷는데, 지나가던 한 고등학생이 "미디어는 메시지다"The medium is the message 하고 말하는 소리가 들려왔다. 이로써 A의 개인적 표시 체계가 힘을 잃었을 뿐만 아니라, 그가 기울여온 노력마저 우스꽝스러워지고 말았다.

어느 대중지 기사에서 읽은 것을 별 생각 없이 되풀이하는 고등학생이 이 유행 철학의 현주소를 고스란히 보여준다는 것, 바로 그래서 이 철학을 시답잖게 여긴 자신의 평가가 맞아떨어진다는 확인은 A에게 조금도 위로가 되지 않았다. 오히려 그 반대다. 어떤 화젯거리가 생겨나고 대중으로 퍼져나가며 다시금 시들해지는 과정이 갈수록 빠른 속도로 이뤄지는 것을 그저 지켜볼 수밖에 없다는 느낌은 그를 완전히 낙담하게 만들었다. 여기에서 자신의 수고로운 배움이 허망하기 짝이 없는 노릇이라는 게 극단적으로 드러나서 그런 것만은 아니었다. 매 순간 새로운 면모를 과시하며 따라잡을 수 없을 정도로 역동적인 상위 체계, 곧 시대정신은 몇십 년에 걸쳐 그 근본을 다져온 개인

● Marshall McLuhan(1911~1980). 캐나다의 미디어 이론가이자 문화비평가. 커뮤니케이션 이론가로 두각을 나타낸 학자로 '미디어는 메시지다'라는 말과 '지구촌'global village이라는 표현으로 유명하다.

체계를 갈수록 멀리 떨어뜨리며 알아볼 수조차 없게 만든다는 확인은 서글프지 않을 수 없었다. 이런 가속화를 발전이라 불러도 좋은지 하는 논리적 물음으로 이 서글픔을 덮고 싶지는 않았다. 불굴의 보수주의자라는 위치, 즉 공격받지는 않을지라도 아무 희망이 없는 위지보 뇌돌아가시 않고자 한다면, 가속화를 꼭 필요한 현상으로 인정해야만 하리라. 자신의 개인 체계로 이미 절정과 종말을 맛보았다고 하면서 이후 이어지는 모든 것은 환영이거나 정신 나간 장난쯤으로 여기는 보수는 골통이라는 욕설을 들어야 할 테니 말이다.

그저 뒤에 처져 헛된 자부심만 가지고 모든 것을 부정하는 노인이라는 비난은 정말 듣고 싶지 않은 A였다. 그렇다면 심지어 그가 속물근성의 유행이라 부르는 것마저 가속화의 피할 수 없는 과정으로 받아들여, 어제만 해도 입방정이나 떠는 건방진 녀석이라고 상대조차 하지 않았을 매클루언을 말하는 고등학생을 깨인 청년으로 인정해야만 하리라. 그래야 그 어떤 새로운 것도 기묘하거나 괴상하게 보이지 않을 터. 새 유행이 물론 내심으로는 여전히 신뢰할 수 없어 진심으로 받아들일 수 없는 것이기는 할지라도. 그럼 시대정신을 뒤따르며 그때마다 새로운 것을 인정해주면서 무너져내리는 자신의 세계를 그저 쓰라린 마음으로 바라볼 수밖에 없다. 유서 깊은 전통을 자랑하는 저 튼튼한 호텔을 허물어버리고 그 자리에 얇은 벽의 아파트를 짓겠다고 해도 자신은 그저 인정해줄 수밖에 없지 않은가.

그러니까 문화적으로 늙어가는 사람은, 새 옷을 맞추려 새 유행을 살펴 주문을 넣은 뒤, 오후의 늦은 시간 눈을 감고 '30

닌 선의 의상과 모자가 그래도 멋졌어' 하고 눈가의 눈물을 훔치는 저 50대 여인과 보조를 같이할 뿐이다. 물론 그에게 새 유행 철학은, 여인이 바라보는 오늘날의 유행처럼 별 의미를 갖지 못한다.

시대에 뒤처졌다는 의식, 그렇다고 시대를 부정하는 방어적 태도로 굳어질 수도 없는 의식은 고통스럽기 짝이 없다. 몸의 만성적 아픔과 견주어도 될 지경이다. 시간의 흐름은 늙어가는 사람에게 불친절해진다. 아마도 지난 그 어떤 시간보다 더 적대적일 수도 있다. 문화적인 개인 체계의 핵심은 젊은 시절에 형성된다. 생동감과 감성이 정점을 이루며 하강 곡선을 그리기 시작하는 지점이 젊은 시절이다. 이제 개인 체계는 부단한 역동성으로 끊임없이 혁신되는 상위 체계에 제압당한다. 상위 체계가 최신 정보 수단으로 한껏 과시를 일삼으면, 늙어가는 사람은 동시대의 문화가 부담스러운 나머지 자아와 세계의 상실로 고통받는다.

문제의 심각성은 늙어가는 사람에게 다른 선택지가 주어져 있지 않다는 데 있다. 여기서 그때그때의 지배적 상위 체계, 서로 맞물려 흐르는 상위 체계들이 교육적 의미에서 '역사적'인 질서 구조를 남겨놓는다는 점은 별로 중요하지 않다. '역사적'이라는 말은 교육을 통해 전승되며 신성시된다는 뜻이다. 그런데 전승되고 전수된 교육 가치는 개인 체계 안에서 대개 사소한 비중을 가질 뿐이다. 해당 개인의 직업이 역사와 관련된 것, 이를테면 문헌학자나 역사 교사, 예술사학자와 같은 게 아니라면 말이다.

역사 교육에 전문화하지 않은, 또 집중할 필요도 없는 개인의 체계는 젊은 시절, 어쨌거나 인생의 절정을 구가하던 시절 가장 최신으로 여겨지는 표시로 꾸며진다. 오늘날 50대 교양인의 개인 체계는 호메로스가 아니라 카프카로, 칸트가 아니라 후설로, 틴토레토*보다는 놀데*로 보나 너 특별하게 물들게 마련이다. 모든 상위 체계는 다소 정도의 차이는 있지만 다행히도 역사적 체계를 품는다. 동시에 모든 상위 체계는 어제와 그제의 체계를 파괴한다. 특히 늙어가는 사람의 개인 체계가 무수한 놀이 방식으로 익혀온 바로 그런 체계를 파괴한다.

세상 이해의 불가능성과 가능성,
그 모순에 저항하기

오늘날 신문에 게재된 많은 에세이, 철학과 사회학과 메타 언어학의 내용을 담은 에세이를 힘들여 읽은 A는 지친 나머지 좀 쉬었다. 그리고 다시 서가로 가서 오래된 책을 여러 권 꺼내들었다. 익숙한 문체의 책에서 다시금 자신을 찾아보고 싶었다. 그러나 이내 다시 책을 덮었다. 저 교활할 정도로 교묘하게 쓰인 에세이, 이까짓 글을 소화하지 못하랴 하는 단호한 자세로 끝까지 읽어낸 에세이는 여백마다 빼곡하게 자신의 의견을 적어놓았지만, 아직도 뭐가 뭔지 아리송하기만 하다.

오래된 책에는 이 에세이를 논박할 이렇다 할 논리를 찾아낼 수 없었다. 스물다섯 살의 청년에게서 그 도도한 아름다움을 자랑하는 저녀를 빼앗을 수 없늣, 한때 그토록 자신 있게 탔던 스키지만 이제는 서른 살의 남자를 따라잡을 수 없듯, 지금 A는 쥘리앵 그린의 글을 아무리 거듭 읽어도 필리프 솔레르의 에세이를 이겨낼 수 없다.▲ 끝났다, 다시는 따라잡을 수 없다. A는 자신에게 중얼거렸다. 내가 『아드리엔 므쥐라』를 펼쳐 이 작품에서 현대 소설작법의 비결을 알아내려던 날은 지나가 버렸다. 『율리시스』▪를 읽고 나서 한 편의 소설을 구상하는 일은 더는 가능하지 않다고 내 손으로 썼던 그 순간은 다시 돌아오지 않을 시간으로 사라졌다. 30년 동안 정신적으로 깨어 있는 삶을 살려 시도해왔다. 오늘 나는 인정하지 않을 수 없다. 나는 30년 동안 그저 이런저런 착각에만 빠져 살았다. 이런 비유가 적절한지는 모르나, 호주머니에서 횔덜린의 시집을 꺼내들고 "나는 이걸 읽어, 이거면 충분해!" 하고 말하던 일흔 살의 친구처럼 행동하지 않고 싶었다. 바로 그래서 착각에 빠져 살았다는 고백을 하지 않을 수 없다.

　　모든 것은 시간과 더불어 허망하게 사라진다는 말은 지당한 진리다. 늘 새로운 게 지평선에 모습을 드러낸다는 말도 맞다. 같은 강물에 두 번 발을 담글 수 없다는 아주 해묵은 지혜는, 오로지 살아왔던 공간으로부터 빠져나온다는 불가능한 일을

●　틴토레토Tintoretto는 베네치아 출신의 화가 가문으로, 특히 야코포 틴토레토Jacopo Tintoretto(1518~1594)를 지칭한다. 많은 종교화와 초상화 걸작을 남겼다.

◆　Emil Nolde(1867~1956). 표현주의를 대표하는 화가 가운데 한 사람이다. 20세기의 가장 위대한 수채화 화가로 유명하다.

▲　쥘리앵 그린Julien Green(1900~1998)은 20세기 프랑스 기독교 문학을 대표하는 작가다. 『아드리엔 므쥐라』Adrienne Mesurat는 그린이 1927년에 발표한 소설이다. 필리프 솔레르Philippe Sollers는 1936년생의 프랑스 작가이자 비평가다. 『텔 켈』을 창간한 인물로 전위문학 운동을 펼쳤다.

▪　아일랜드 작가 제임스 조이스James Joyce(1882~1941)가 1922년에 발표한 소설.

163

과감하게 시도할 때에만 자명해진다. 그러나 어디로 빠져나간 다는 말인가? 표시도 체계도 없는 세계, 공허한 세계, 곧 안티 우주로?

그렇다면 나는 아마도 이렇게 말할 수 있으리라. 데멜과 릴케와 벤*과 그린과 프루스트와 조이스로 결코 짧지 않은 세월에 걸쳐 내 우주를, 내 체계를 구축해온 것은 차례로 이어진 착각이 아니었다고! 포스트 조이스 시대로 소설 예술은 그 방점을 찍었다던 내 선포가 옳은 바로 그만큼, 솔레르와 그 친구들은 그들의 소설로 그들만의 옳은 세상을 꾸려가리라. 그리고 그들도 잊히는 미래가 찾아오겠지.

그렇다면 단계라는 말을 쓸 수 있을까? 무엇의 단계? 발전의 단계. 어디로 향하는 발전인가? 그 답을 모르는 사람은 단계라는 말을 정당하게 쓸 수 없다. 그저 일어난 사건들만 꼽아볼 뿐이다. 최신의 유혹에 빠지고 싶어 하는 나 자신을 감지한다. 물론 이런 태도는 방어적 자세로 시간에 적대적으로 경직되는 것만큼이나 위험하리라. 아니, 그 반대는 안전한가? 하루가 나에게 덧붙이는 모든 걸 허겁지겁 간청하며 받아들이는 것도 위험하기는 마찬가지다. 내가 저질러온 일련의 착각을 전체 정신사로, 익히 아는 정신사로 '수브 스페시 아이테르니타티스'sub specie aeternitatis,♦ 곧 영원의 관점에서 바라보려 한다는 것은 아무것도 보지 않겠다는 태도보다 더 낫지도, 더 나쁘지도 않은 하나마나한 말이라는 느낌이 지울 수 없이 나를 사로잡는다. 영원함은 바람 한 점 없는 잔잔한 북해처럼 보인다. 그러나 안개가 자욱한 날이면 바다와 흐린 하늘은 수평선을 알아볼 수 없게 서로 맞물린다. 표시가 없는, 잿빛 바다의 영원함을 들먹이는 것은 결국 아무 말도 하지 않는 것이나 다름없다. 영원함은 '아무 말도 하지 못함'으로 부정될 따름이다.

문화적 사건을 영원함의 관점에서 바라본다는 것은 늙어가는 사람에게 일말의 위로를 선물하기는 한다. 그러나 이 위로는 모든 자기기만 가운데 가장 비극적인 자기기만이다. A는 조금의 현기증도 없이 자신에게 다짐했다. 시간에 저항해서도 안 되며, 시간의 꽁무니를 따라다녀서도 안 된다. 이게 진리다. 물론 시간의 흐름으로부터 빠져나와 영원함을 붙들 출구가 없다는 것도 진리다. 그런 영원함은 없음, 곧 무無이기 때문이다. "샤르 슐라이 슐로트 슌트, 플로트"든 "자글로니"든 그리피우스♠든 신은 안다, 그게 다 그거라는 진리를. 어떤 체계는 다른 체계와 마찬가지로 가치 있는 동시에 무가치하다. 이런 말을 하는 사람은 차라리 침묵하는 편이 낫다.

헛헛한 나머지 위로를 구하려 나 자신에게 이렇게 속삭여 본다. 시간으로 파괴될 위험에 처한 것처럼 보이는 것은 바로 이 시간으로써 보존되는 게 아닐까. 몇십 년 동안 나를 채워오고 붙들어준 모든 것, 데멜에서 벤에 이르기까지, 헤세에서 프루스트에 이르기까지, 세잔에서 프랜시스 베이컨■에 이르기까지 이 모든 것은 바로 나의 시절에 나날의 요구를 충족시켰으며, 시간의 수레바퀴가 무자비하게 깔고 지나갔다 하더라도 내

- Gottfried Benn(1886~1956). 독일의 의사이자 시인이며 에세이스트다. 표현주의 문학을 개척했다는 평가를 받는 작가다.
- 스피노자가 즐겨 쓰던 라틴어 표현이다.
- ▲ Andreas Gryphius(1616~1664). 바로크 시대를 대표하는 독일의 시인.
- ■ 세잔Paul Cézanne(1839~1906)은 현대미술의 아버지로 불리는 프랑스 화가다. 프랜시스 베이컨Francis Bacon(1909~1992)은 아일랜드 출신의 화가다. 철학자 프랜시스 베이컨(1561~1626)의 이복형 니컬러스 베이컨Nicolas Bacon의 후손이다.

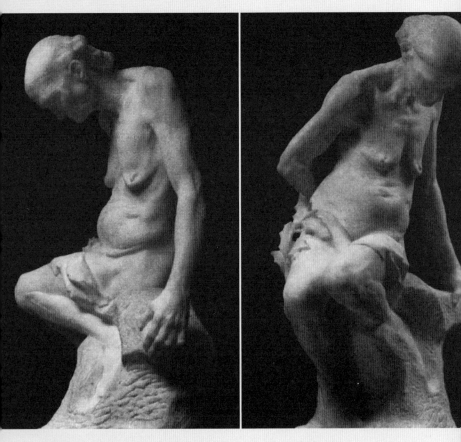

"시간에 저항해서도 안 되며, 시간의 꽁무니를 따라다녀서도 안 된다. 이게 진리다.
물론 시간의 흐름으로부터 빠져나와 영원함을 붙들 출구가 없다는 것도 진리다."

오귀스트 로댕, 〈겨울〉, 1890년, 오르세 미술관, 파리.

안에 고스란히 남았다. 그 어떤 것도 결코 손실되지 않았다. 위로, 헛헛한 위로, 공허한 생각놀음. 파괴함으로 보존한다는 것은 역사철학이 이뤄낸 위대한 업적이기는 하나, 실존의 장에서는 실체를 찾을 수 없는 헛노릇이다.

나탈리 사로트*의 작품에서 프루스트의 흔적을 찾는 일은 문학사 연구의 중요한 과제다. 나의 프루스트! 내 인생의 소중한 한때, 오로지 이 작가와 연결된 나만의 공간에서, 지금은 기억으로만 떠오르는 존재의 향기에 감싸여 처음으로 읽었던 프루스트! 나는 그를 마담 사로트의 책에서 발견할 수 없었다. 내 존재의 일부로 자리 잡은 프루스트, 그는 이 여성 작가에게 추월당했다. 내가 할 수 있는 일로 뭐가 남았을까? 나 자신을 추슬러 사로트를 열심히 읽어보고, 예전에 프루스트와 맺었던 인생 협약을 이 탐구로 깨야 할까.

또는 같은 일탈을 내 문화 계약의 철회로 이뤄낼 수도 있다. 그러니까 다른 누구도 아닌 바로 나 자신과 맺었던 문화의 계약을! 시간으로 추월당한 내 친구들 X, Y, Z와 더불어. 나는 프랑수아 모리아크와 결별했다. 그의 소나무 숲 풍경과 음울한 와인 귀족이 내 일부나 다름없던 그런 프랑수아 모리아크와! 어쨌거나 그의 아들 클로드에 이르려면 아버지와 결별하지 않을 수 없었다.* 그러나 나는 아들을 만날 수 있는 장소에 들어서지 못했다. 클로드 모리아크는 나를 회원으로 받아들여주지 않는 클럽 소속이다. 그는 내일의 작가다. 혹은 내일의 작가

• Nathalie Sarraute(1900~1999). 러시아 출생으로 프랑스에서 활동한 여성 작가. 심층심리의 묘사에 충실한 작품으로 프루스트의 맥을 이었다는 평가를 받았다.

◆ 프랑수아 모리아크François Mauriac(1885~1970)는 프랑스의 소설가로 현실 비판에 충실했던 작가다. 1952년 노벨 문학상을 받았다. 클로드 모리아크Claude Mauriac(1914~1996)는 그의 아들로 저널리스트이자 작가로 활동했다.

가 되고자 의지를 불태운다. 아무튼 그는 내일 존재하게 될 사람에 속한다. 생각 기계로 작곡하는 음악가이자 수학자 이안니스 크세나키스[•]처럼. 그러나 나는 내일, 다시 말해서 10분 뒤, 1년 뒤, 10년 뒤, 아무리 길게 잡아도 15년 뒤에는 더는 존재하지 않으리라. 나를 늙은 모리아크와 묶어준 사슬을 끊는다는 것은 아무런 의미가 없는 일이다. 그로부터 풀려나는 자유, 내가 쟁취하려는 자유는 아무짝에도 쓸모가 없다. 묶인 채 남는 것은 굴욕적인 체념이다. 텅 빈, 내가 더는 살 수 없는 공간, 오로지 고개만 빳빳이 세우는 자유의 공간으로 뛰어든다는 것은 공포에 따른 행동일 뿐이다. 묶임을 묶임으로 느끼지 않고 자유가 더는 자유가 아닌 곳에서, 자욱한 안개의 잿빛 북해라는 영원에만 자신을 맞추며 빠져나갈 수 없이 지레 체념을 하면서도 이를 깨닫지도 못하는 것, 이게 대체 뭐란 말인가?

자, 이제는 분명하다. 그것은 죽음이다. 막아줄 묘약이라고는 없는 몸의 쇠락과 문화적 노화는 더 나쁠 수 없는 메시지, 곧 종말의 선포다. 문화의 어떤 표시 체계가 힘을 잃고 허약해지는 과정의 끝에는 죽음 혹은 죽음의 상징이 기다린다. 나이를 먹는다는 것은 '죽어간다'로 읽어야 하는 현상이다. 그럼에도 주변에서 뭔가 '생겨나기'는 하리라. 다만 그가 없이. 어둑한 황혼녘에 우울한 손님, 그는 말발굽 소리를 듣는다. 그리고 깊은 충격에 사로잡혀 이미 흘러가버린, 힘을 잃어버린, 소진된 체계들을 생명에 매달리듯 그러쥔다. 이 체계들이 그의 인생이었다. 그래서 더없이 소중했다. 다만 인생은 역설, 죽음에 둘러싸여 죽음을 향해 나아가며 죽음으로부터만 그 의미를 수

태하는 인간 실존이라는 모순에 짓눌린다. 결국 인생은 죽는다는 특성으로 의미를 가질 뿐인 인간 실존이다. 늙어가는 사람의 인생, 우리가 다른 자리에서 자아-시간-기억이라 부르며 젊은, 그러니까 공간과 세계를 약속하는 존재와 대비시켰던 그 늙어가는 사람의 인생은 그의 조촐한 문화로 이미 시체일 따름이다. 귀여운 헤세, 권주가를 노래하는 데멜, 인생을 바라보는 회의로 고통받는 프랑수아 모리아크. 늙어가는 이가 이들로부터 존재의 힘을 길어올릴 수 있으리라 믿는 동안, 이들은 이미 세상과 작별했으며 벌써 부패 지경에 이르렀다.

　문화적으로 늙는 일의 품위는, 그것이 그 가운데 자리 잡은 사회적 노화의 품위와 마찬가지로 다시금 오로지 모순된 저항, 모순과 철저히 싸우는 저항을 통해서만 실현될 수 있다. 새로운 체계들은 이미 찾아왔다. 늙어가는 사람은 아무 희망도 없이 매일 새로운 체계를 해독하려는 싸움터로 나가야만 한다. 늙어가는 사람은 자신의 자아를 포기하지 않고자 하는 한, 부패하는 질서를 버려서는 안 된다. 자신의 정신적 태도가 시체를 붙들고 못 다한 성욕을 풀려는 음울한 네크로필리아*라는 것을 잘 알면서도, 늙어가는 사람은 자신의 부패한 체계에 무가치할지라도 충절을 보여야만 한다. 다시 말해서 스스로 자신의 한계를 넘어서려는 무망한 시도로 자신의 부정을 받아들이

•　Iannis Xenakis(1922~2001). 그리스 혈통으로 루마니아에서 태어나 인생의 대부분을 프랑스에서 보낸 작곡가이자 건축가. 수학의 규칙성을 자랑하는 음악을 작곡했다. 본문의 '생각 기계'라는 표현은 컴퓨터를 가리킨다.

◆　Necrophilia. 시신을 상대로 성욕을 풀려는 정신병 증상을 나타내는 말. 시체를 뜻하는 그리스어 '네크로스'nekros와 갈망을 뜻하는 '필리아'philia의 합성어다. 이 표현은 독일의 정신과 의사 리하르트 폰 크라프트에빙Richard von Krafft-Ebing(1840~1902)이 1866년에 쓴 책에 처음으로 등장한다. 나중에 에리히 프롬Erich Fromm(1900~1980)에 의해 사회심리학 개념으로 확장되었다.

는 동시에 거부해야만 한다.

그는 세계를 더는 이해할 수 없었다. 그가 이해하는 세상은 이미 존재하지 않는다. 이해할 수 없는 것을 이해해야 한다는 강제는 과거에 사로잡히는 것만큼이나 그를 놓아주지 않는다. 그는 영웅이 아니라, 그저 누군가일 뿐이다. 그리고 늙어 죽어가는 모든 누군가와 마찬가지로 영웅적이다.

죽어가며 살아가기

죽어 삼소자 병능하지 않다

병이 꼬리를 물고 이어진다. 주치의의 얼굴은 언제부터인가 전문가의 진지한 표정을 짓는다. 그러면서도 임상의학의 낙관주의로 세련되게 다듬어진 염려의 표정이다. 같은 해에 태어난 친구들이 차례로 세상을 떠난다. 통계는 아직 15년을 약속해준다. 늙어가는 이는 죽음을 생각한다. 처음에 떠올리는 죽음은 객관적인 사건이다. 다시 말해서 아직은 생존자로서 일정 정도 거리를 두고 바라보는 죽음이다. 그는 모든 게 통상 그렇듯 좋은 쪽으로 이루어지기를 기대한다. 가족은 형편이 허락하는 한, 이러저러한 근심에 사로잡힌다. 무엇보다도 막상 일이 닥치면 장례를 어떻게 치러야 좋을지 몰라 걱정한다. 바로 그래서 고인으로 예정된 노인은 마지막 유지를 글로 남겨둔다. 이 유언이 통상적인 인습에 따라, 계속 살아갈 가족이 요구하는 정황대로 작성되었다면, 이제 당사자는 차분하게 자기 자신과 대화를 나눌 시간을 얻는다.

실감할 수 있을 정도로 가까이 다가온 시점에 더는 존재하지 않는다니 상상만으로도 깊은 충격을 받는다.(돌아보는 지난 20년은 어처구니없을 정도로 빠르게 흘러버렸구나!) 죽음을 두고 성찰하며 그는 허공에 붕 뜬 것만 같은 느낌을 받는다. 이내 그는 죽음을 생각하는 게 불가능하다는 경험을 한다. 그런 생각은 그 어떤 결과에도 이를 수 없다. 죽음을 생각한다는 것은 '생각할 수 없는 것을 생각함'penser l'impensable이라고 철학자 블라디미르 얀켈레비치는 자신의 책『죽음』에서 썼다. 그렇다,

죽음을 두고 생각할 수 있는 것은 전혀 없다. 천재든 속없는 바보든 죽음이라는 이 대상 앞에서는 입을 다물 뿐이다. 죽음은 아무것도 아닌 없는 것, 그 어떤 것도 아닌 없음, 말 그대로 무無이다. 죽음을 둘러싼 상념은 일종의 점과도 같은 상투적인 진부함으로 응축된다. 물론 입축의 법칙에 맞추이 극힌의 밀도를 가지는 진부함이다.

그런데 상념이란 게 무엇인가? 무어라 말하기 어렵다. 생각할 수 없는 것에 대한 생각을 시도하는 사람에게는 어쨌거나 달리 부를 수 없는 '상념'이라는 말만 남을 따름이다. 이 말 역시 지극히 상투적인 것으로 압축된다. 죽음에 대한 생각은 단조롭고 병적인 장광설이 된다. 이 장광설은 이른바 '현대 전위 시'라고 하는 것과 유사하다는 점을 부정할 수 없다. "나는 죽으리라 죽는 것은 나이리라 나는 죽게 되리라 죽은 것은 나이리라 내가 죽으리라."Ich werde sterben sterben werde ich sterben ich werde werde ich sterben sterben ich werde ich werde sterben. 또는 프랑스어로 쓰인 이런 시는 어떤가. "나는 죽는다, 나는 죽어 흐물흐물해진다, 웃는다, 웃는다, 나는 흐물흐물해진다."Je vais mourir mourir je vais je vais mou-rir, rire, rire, je vais mou. 이 허망한 시는 모든 다른 언어로도 똑같이 꾸며질 수 있다. 분명 내 언어의 경계가 내 세상의 경계이기 때문이다. 아니, 내 세계의 경계가 곧 내 언어의 한계이기도 하다. 그리고 죽음 앞에서, 나의 안티 세계 앞에서 내 언어는 그 무력함을 고스란히 드러낸다.

무력한 언어와 무능한 생각은 물론 늙어가는 사람을 놓아주지 않는다. 그가 장광설을 무시하고, 죽음에게, 피할 수 없는 총제석 패배 앞에, 생각하는 인간으로 손재함의 품위를 보여주려 할지라도 놓아주는 일은 없다. 그럼 그는 아마도 죽음을, 좀 더 정확히 말해서 '죽음으로 나아감'을 생각하리라.

죽음은 마치 등급을 높여가듯 갈수록 심해지는 신체적 고통을 주어 두렵기만 하다. 그래서 우리는 흔히 이렇게 말하곤 한다. 죽음이 두려운 게 아니라, 병과 아픔만 무서울 뿐이다. 누가 감히 여기서 모순이라는 약삭빠른 단어를 입에 올리는가? 죽어감의 고통은 헤아릴 수조차 없이 여러 차례 소름끼치는 절박함으로 묘사되었다. 마르탱 뒤 가르의 책『아버지의 죽음』•에는 이런 구절이 나온다. "경기를 일으키게 만드는 요독증 위기는 갈수록 잦아지고 심해진다. 너무도 잔혹한 나머지 경기를 일으킬 때마다 환자는 가쁜 숨을 몰아쉬며 주저앉아 꼼짝도 하지 못하고 아픔을 고스란히 구경할 수밖에 없다. 발작에서 발작으로 그저 길게 뽑는 비명만 이어진다, '하나의 긴 비명소리' un long hurlement……." 비슷한 표현은 다른 곳에서도 숱하게 찾아볼 수 있다. 많은 이들은『티보 가의 사람들』에서 늙은 아버지 티보가 처절하게 죽음에 맞서는 싸움을 직접 지켜보았으리라.♦ 거듭 헛되이 일어서려는 환자를 땀에 흠씬 젖은 손으로 잡아주었으며, 결국 같은 손으로 묻어줄 수밖에 없었으리라. 아, 그는 좋은 남자였다. 늙어가는 사람은 의사가 이미 상냥한 낙관주의의 근심을 보이는 탓에 이내 자신의 문제를 깨달으며, 저 지루한 장광설, 말이 되지 않는 말장난 시에 빠지지 않으려고 죽음을 향해 나아감을, 생각할 수 없는 것인 죽음을 그저 그

•　『La Mort du père』. 마르탱 뒤 가르가 1929년에 발표한 작품이다.
♦　『티보 가의 사람들』Les Thibault은 마르탱 뒤 가르가 1920년에 집필하기 시작해 전부 열 권을 발표한 연작 시리즈다.『아버지의 죽음』은 그 가운데 여섯 번째 작품이다.

대로 놓아두고 바라본다. 잠정적으로. 그는 너무 쉽게 피로에 젖어 체념하지 않으려 자신을 추스르도록 강제받는다. 이 죽어 감이라는 것도 인생이다. 삶이 영원한 죽어감이듯. 이를 그는 나중에 깨달았다. "나는 죽음을 압니다." 호프라트 베렌스가 돌연 진지하게, 그 어떤 상부석 위로도 없이 『마의 산』에서 운닝의 심판을 받은 요아힘 침센의 어머니에게 불쑥 한 말이다. "저는 당신 아들의 오랜 고용인이었습니다, 사람들은 아드님을 과대평가했죠, 제 말을 믿으세요! 그런 건 아무렇지도 않았다고 말해드릴 수 있습니다. 경우에 따라 학대처럼 보인 것은 사실 힘차고 발랄한 일이어서 삶으로, 치유로 이끌 수 있죠……."

힘차고 발랄한 일은 무엇보다도 늙어가는 사람의 마음을 사로잡는다. 어쨌거나 죽음에 대한 생각 혹은 생각할 수 없는 것에 대한 생각에 더욱더 깊게 빠지기 전에는 그렇게 믿는다. 힘차고 발랄하게 보이려 노력하는 태도는 좀 애매하기는 하지만, 생명보험과 유산 같은 문제의 처리를 둘러싼 근심과 비교될 수 있다. 사회적으로 홀대받지 않으려 한편으로는 몸을 깔끔하게 가꾸는 일에 더욱 신경 쓰며, 다른 한편으로는 짐짓 힘찬 모습을 꾸민다. 심장마비로 순식간에 바닥에 쓰러져 오랜 고통을 겪지 않고 죽는 일과, 아버지 티보처럼 요독증으로 몇 주 혹은 몇 달을 고통받다가 사망하는 것은 차원이 전혀 다른 문제다. 티보만 하더라도 비참한 자신의 모습을 더는 참을 수 없어 의사인 아들에게 구원의 주사를 놓아달라고 매달리지 않았던가. 죽어가는 순간에서조차 단정하고 깔끔한 모습으로 남고자 학대 같은 일도 기꺼이 감당해내는 게 우리네 인간이다.

병원에서 냉담한 간호사가 거의 신경을 써주지 않은 채 불쌍한 가난뱅이로 죽어가는 것과, 사치가 극에 달한 병원에서 부자로 죽음을 맞이하는 것은 결코 같은 것일 수 없다. 병상 옆의 꽃다발, 상당한 보수를 받는 의사의 사적 친근함을 강조한 돌봄, 언제라도 가능한 가족의 방문 따위는 물론 돌연 숨을 거두는 것을 막아줄 정도는 아니라 할지라도 잠시 고통을 잊게끔 하는 순간을 보다 더 쉽게 만들어주며, 죽어가는 순간에조차 잘사는 인생을 가능하게 해준다. 보라, 부자의 삶은 언제나 가난한 자의 빈곤한 그것과 엄청나게 다르다. 그렇다면 거듭 이렇게 말하지 않을 수 없다. 우리는 모두 죽음 앞에서 평등하다고 하지만, 죽어가는 과정에서조차 평등하지 않다. 평등의 요구는 지독할 정도로 아무 구속력을 가지지 못하는 그저 형이상학의 헛소리에 속할 뿐이다. "돈이 있으면 흘리는 눈물조차 편안하다." 유대인의 속담이다. 돈만 있다면 죽음도 훨씬 더 편안하게 맞는다. 신을 향해 모두에게 그 고유한 죽음을 달라던 릴케의 어딘지 부자연스러운 기도가 가지는 의미는 오로지 이것이리라. 고유한 혹은 개인적인 죽음은 대중의 시끌벅적함과 거리를 둔 개인적인 인생과 마찬가지로 돈으로 살 수 있다. 그리고 죽음과 관련해 사회가 안고 있는 문제도 사회 전체의 문제와 마찬가지로 풀리지 않은 채 남을 따름이다. 이 문제를 책임 있게 다뤄야 할 당국은 오히려 이미 깨끗이 처리된 것처럼 뻔뻔하게 처신할 뿐이다.

죽음, 너의 가시는 어디에 있느냐?● 가난한 자는 이 물음

● 이 표현은 『신약성서』 「고린도전서」 15장 55절에 등장하는 말씀에 빗댄 것이다. "사망아 네가 쏘는 것이 어디 있느냐"(개역개정판) 혹은 "죽음아, 네 독침은 어디 있느냐"(공동번역)라는 말씀은 예수가 인류를 대신해 맞은 죽음으로, 그 찌르는 아픔이 사라졌다는 뜻을 가진다.

에 정확한 답을 준다. 양로원에, 요양원에, 난방이 되지 않는 집에! 열악한 환경에서 죽음을 기다리는 환자는 화장실에 가기 위해 복도에서 불편한 몸을 질질 끌어야만 한다.

죽음의 기이한 불가사의

인간이 사회적으로 죽어간다는 주제는 존재론적 고찰 아래 묻어둘 수 없으며, 다소 정도의 차이는 있지만 격렬한 몸의 아픔, 죽음에 앞서 진행되는 '학대'의 문제와 마찬가지로 무슨 마법의 주문이라도 외우듯 지워버릴 수 없다. 그렇지만 다른 한편으로 생각하는 인간, 생각을 할 줄 아는 인간에게 죽어감의 사회적 현실을 넘어서서 죽음 자체를 연구해보고 싶다는 열망을 억누르기 어려운 것도 사실이다. 물론 이런 연구를 수행할 수 없다는 것을 잘 알기는 하지만, 그래도 죽음을 알아보고 싶다는 갈망은 크기만 하다. 엄격한 자세로, 그 어떤 고정관념의 장광설도 피하려는 진지한 대결의 자세로. 여기서 인간은 늘 모순에 사로잡힐 수밖에 없다. 한편으로는 죽음과 죽어가는 과정을 서로 떼어놓아야 하며, 다른 한편으로는 그 모순을 극복하고 하나로 묶어내야만 한다. 죽음은 죽어감이 없이는 공허하지만, 죽어감 역시 공허한 죽음이 없으면 아무 내용을 가지지 못한다.

죽어감에 그나마 남은 생기와 죽음이라는 총체적인 황야 사이에는 뛰어넘을 수 없는 심연이 일단 그 입을 벌린다. 이 심연은 죽음을 앞두고 고통으로 신음하는 사람이 이른바 침묵하는 시체와는 다르다는 상투석 표현 따위로 메워질 수 있는 게 아니다. 그렇지만 여기서 이미 죽어감이란 '이승에서 저승으로 넘어감'이라는 거의 아무것도 아닌 걸 뜻하는 게 아니라, 시간상 손으로 잡아볼 수 있을 것처럼 예상되는 '죽음을 향해 나아감'이라는 논리적으로 충분히 토론할 수 있는 개념이다. 물론 일상 경험이라는 장을 넘어설 수 없다 할지라도 죽어감이라는 게 무엇인지는 이야기를 나누어볼 수 있다. 그러나 과연 무엇을 이야기할 수 있을까? 앙투안 티보, 이 젊은 의사는 신장이 더는 독소를 걸러내지 못해 아버지가 죽어가는 과정에 처했음을 확인했다. 그러나 엄밀한 의미에서 죽기 전에 죽는 사람은 아무도 없다. 그러니까 누구도 현재형으로 죽어가지 않는다. 언제나 그저 그는 죽어갔다는 과거형으로 말해질 수 있을 따름이다. 죽어간다는 말이 개념으로 자리를 잡는 것은, 오로지 이미 들어선 죽음으로 그 말이 논리적 정당성을 얻을 때뿐이다. 그러니까 논리적 언어로서 죽어간다는 말은 단지 과거형 죽어갔다 하는 형태로만 쓸 수 있다. 이는 곧 인간은 자신의 끝을 마주해야만 죽는다는 뜻이다. 그러나 죽음의 생각할 수 없음이라는 특징은 이런 모든 노력을 허망하게 만든다. 죽음이라는 무無는 모든 논리 법칙을 무력하게 만든다. 나의 죽음을 말하는 것은 전혀 말이 되지 않는 어불성설이다. 내가 존재하는 한, 죽음은 없다. 죽음이 찾아왔다면, 나는 이미 존재하지 않는다. 우리 모두 고래로부터 익히 아는 사실이며, 이런 지식은 누구에게도 아무런 도움을 주지 않는다. 죽은 내가 이미 존재하지 않는다는 말은 죽어가는 인간, 곧 죽음에 가까이 다가선 인간에게 맥

빠진 농담일 따름이다. 맞지만 틀렸다. 틀렸는데 맞다. 심오한 지혜이자 어처구니없을 정도로 바보 같은 소리다. 실제로 자신의 죽음을 이야기하는 모든 주관적 진술은 논리 문제를 가진다. 한마디로 나는 없다. 다시 말해서 나는 더는 존재하지 않는다. 여기서 '나는 존재한다'는 말이 '않음'이라는 부정어를 배제해 줄까? 아니, 전혀 그렇지 않다. '나는 존재한다'는 진술에서 나를 나 자신으로부터 들어내어, 나의 없음 혹은 더는 존재하지 않음을 객관적 사실로 바라보는 한, 다시 말해서 살아남은 자의 관점으로 나의 죽음을 바라보는 한, '나는 더는 존재하지 않는다'는 말에서 '않음'은 배제될 수 없다. 그렇다, '나는 존재한다'는 동시에 '존재하지 않음'을 허락하지 않는다. 내가 나 안에 머물러 나의 자아를 오로지 나 자신에게 의미를 가지는 것, 곧 존재자로 바라보는 한, 나는 존재할 따름이다. 그럼에도 죽은 나는 없다. 이 무슨 기막힌 모순인가.

내가 죽어간다는 사건, 사실로 굳어진 나의 죽음, 논리적 문제를 안고 있기는 하지만 그 어떤 것보다도 나에게 중요한 이 사건과 사실은 기묘하게도 내가 전혀 손을 쓸 수 없는, 내 의지로 털끝 하나 건드릴 수 없는 일이다. 이 사건과 사실은 오로지 살아남은 자만이 파악하고 정리할 수 있다. 널리 회자되는 농담, 거의 공포에 가까운 이야기에서 어떤 남편은 이런 말을 한다. "우리 두 사람 가운데 어느 한 명이 죽는다면, 나는 농촌의 집으로 돌아가겠소." 프랑스에서 형사재판을 받던 피고인이 재판 도중 사망하자 재판장은 자리에서 일어나 이렇게 말했다. "피고인이 죽었습니다, 이로써 공소는 해소되었습니다."

L'accusé est décédé, l'action publique est éteinte. 한 인간의 죽음이라는 객관적 사안을 이보다 더 명확하고 더욱더 절박하게 나타낼 수는 없다. 이제는 없는 사람에게 무슨 소송을 하는가. 그에게 세금을 부과할 수도, 봉급을 줄 수도, 집에서 몰아내 감옥이나 양로원에 집어넣거나 농촌으로 데려갈 수도 없다. 다만, 인간에게 그의 인생은 결코 공무公務일 수 없을 따름이다.

인간이 사회적으로 살 수밖에 없는 운명을 타고났다 할지라도, 한 인간의 삶은 오로지 그 개인의 것이다. 그러나 존재하는 인간이 자신의 존재가 사라진 세상을 떠올려볼 수는 있어도, 자신의 없음이 도대체 무엇인지 생각할 수는 없다. 이게 바로 인간 실존의 근본 상황이다. 인간에게 자신의 실존은 결정적 순간에 세계의 의미 그 자체다. 그리고 이 의미는 참기 힘들 정도로 어려운 모순이다.

"그 이야기는 나에게 아무것도 아니니까 침을 뱉겠소." 토마스 만의 요셉 4부작에서 아들 요셉이 죽었다는 잘못된 소식을 전해 받았을 때 아버지 야곱이 한 말이다.• 누구든 자신의 귀를 의심하게 만드는 소식을 들으면 침을 뱉으리라. 죽음과 사라져 없음은 우리로 하여금 어떻게든 그것을 받아들이고 마음의 정리를 하도록 만들기 때문이다. 누구나 결국 언젠가는 죽지 않는가. 야곱은 더할 수 없이 깊은 욕지기로 침을 뱉었다. 아니다, 이건 아니다. 자식이 죽었다는 소식을 들은 야곱은 고개를 절레절레 저었다. 자신이 아니라, 아들이 죽었다는 것은 스캔들이자 일어나서는 안 될 불가능한 일이었다. 자신이 아닌 다른 사람이 죽었다면 슬퍼하면 될 일이나, 아들이 죽고 자신

• 『요셉과 그 형제들』Joseph und seine Brüder은 토마스 만이 1933년에서 1943년까지 10년 동안 집필해 발표한 4부작 소설이다.

이 죽지 못한 것은 스캔들이다. 잔혹하면서도 반자연적인 방식으로, 인간은 뱉은 침을 다시 삼켜야만 한다. 이번에 자신이 죽은 것은 아니지만, 언젠가는 죽게 될 것이기 때문이다. 죽음을 생각할 수는 없지만, 죽음은 생각되어야만 한다. 이처럼 터무니없을 정도로 부정만 일삼게 하는 경계 문제의 연구는 어느 모로 보나 가짜 문제다. 없는 것을 생각함이 동시에 생각하지 않음이라는 죽음의 이 기이한 불가사의함이라니. 그러면서도 경계의 물음은 인간이 품어야 할 궁극적이고도 극단적인 존재 문제다.

"틀렸어, 그건 그냥 죽음이야."Le faux, c'est la mort. 장폴 사르트르는 말했다. 이 말로 철학자는 죽음을 거절했다. 인간의 실존을 불투명한 본질로, 돌처럼 굳어진 '존재'être로 만드는 죽음을 거부한 것이다. '에트르'être(존재)는 그저 '아부아레테' avoir-été(현재완료형으로 '갈수록~하다'라는 프랑스어 문법—옮긴이)일 뿐이다. 죽음과 대결하려는 사람은 단지 과거와 현재를 맺어주는 위험한 결합 그 이상의 부담을 감수해야만 한다. 그가 저지르는 일은 자신을 연모한 나머지 스스로를 굳어진 존재로 만드는 음란한 근친상간이다. 그러나 유일한 진리는 죽음이라고도 얼마든지 말할 수 있다. 어쨌거나 죽음은 미래 가운데 미래, 모든 미래의 미래이기 때문이다. 우리가 떼는 모든 발걸음은 죽음으로 나아가는 행보다. 우리가 품는 모든 상념은 결국 죽음에서 깨어진다. 죽음의 완전히 공허한 진리, 그 비현실적인 현실성은 우리 인생이 가지는 무의미함의 완성이다. 무無로 넘어 들어가면서 처음으로 완전하게 인생을 극복한 우리의 승리는 곧 우리의 총체적 붕괴다.

죽음의 부조리, 어떻게 죽을 것인가?

죽음은 근원적 모순이다. 이 모순은 절대적인 '부정'으로, 다른 생각할 수 있는 모든 부정을 포괄한다. 죽음은 부정적으로만 정의될 수 있을 따름이다. 살아 있는 생명체가 가지는 수십억 개의 세포가 궁극적으로 파괴되는 게 죽음이지 않은가. 부정적 생각은 죽음으로부터 비로소 비롯된다. 죽음이 가지는 되돌릴 수 없음이야말로 부정에 총체적 의미를 불어넣어주는 근거다. 누군가 존재했었으며, 더는 있지 않다는 사실을 우리는 타인의 죽음을 통해서만 경험한다. 타인의 죽음은 우리를 슬픔에 젖어 베일을 뒤집어쓰고 병원과 장의사와 묘지를 찾아가는 고객으로 만든다. 망가진 어떤 물건은 물리적 성질이 다르다 할지라도 얼마든지 대체될 수 있다. 그러나 인간은, 죽은 인간은 영원히 사라진다. '주소도 없는 먼 곳으로 떠나간다.'parti sans laisser d'adresse. 죽어 사물로 굳어지면서 그 자체로 분해되어버리는 망자는 자기 자신의 고유한 부정이 된다. 죽음 이후 그에게 일어나는 일은 음울하기 짝이 없는 행사, 자기 자신을 패러디하면서 부정을 다시금 되돌리려는 전혀 아무런 전망이 없는 행사다. 에벌린 워[•]가 『할리우드에서 죽다』에서 들려주는 사망 이후 벌어지는 모순으로 가득 찬 운명에서, "소중했던 이여,

---

[•] Evelyn Waugh(1903~1966). 영국의 작가. 풍자소설의 대가로 유명하다. 『Tod in Hollywood』는 『The Loved One』(1948)의 독일어판 제목이다.

어찌 이리도 창백해졌는가!"하는 탄식으로 추모되는 '사랑했던 당신'은 소중한 창백한 연인이 아니다. 그는 그저 없을 따름이다. 있는 것이라고는 시신에 화장을 해서 나무로 짠 관에 누이는 장례 준비 과정의 잔혹함일 뿐이다. 관 속의 평안? 그건 평안이 아니다. 평안이라는 개념은 인생을 살며 겪는 불안에 대비된 것이기에 살아 있는 동안에만 맛볼 수 있는 것이다. 따라서 장례에 적용되는 평안이란 살아남은 자의 편의에 맞춰 필요한 수정을 한 것에 지나지 않는다.

이제 타인의 죽음을 어떤 것의 더는 존재하지 않음으로 경험하는 것은 모든 부정적 사고, 곧 변증법적 사고의 전제조건이다. 그러나 동시에 모든 변증법의 거부이기도 하다. 말하자면 부정의 부정의 부정이랄까. 아무런 위안을 주지 못하는 없음의 통찰은, 얻어내는 게 없어 진정한 통찰이라고도 볼 수 없지만 멀리서 정체를 알 수 없는 덧없는 그림자를 알려주기는 한다. 우리에게 부정적인 변증법 사고의 길을 활짝 열어주는가 싶더니, 그 길을 들어서기 무섭게 막아버린다. 죽음은 그 어떤 긍정적인 것도 가지지 않는 부정이기 때문이다. 우리는 이 절대적인 부정을 오로지 죽음을 통해서만 이해한다. 절대적인 부정에 접근하는 기준점을 죽음으로 잡아 각자의 개인적인 죽음을 통해 절대적인 없음을 알아보려는 상대적인 이해다. 그러나 그렇다고 해도 부정은 죽음과 마찬가지로 거의 파악되지 않는다. 긍정인 동시에 부정이라는 모순으로서의 죽음은 그 어떤 의미도 가지지 않는 부조리다. 모든 의미, 신비, 비속함, 필연적이고도 가능한 생각 등이 이 부조리 앞에서 무너진다. 우리의 인생온 죽음이라는 경계 덕분에 가치를 가지지만, 동시에 언젠가는 끝장을 맞을 수밖에 없기 때문에 그 가치를 잃어버린다.

임상적 죽음을 확인해야 하는 요즘 들어 더는 쉽지 않은 의사의 처지나, 사망자를 상대로 한 공소를 중지해야만 하는 검사와 달리, 죽음을 이야기하는 사람은 오로지 모순 속에서 부조리함만 거론하거나 메타포로 이를 피할 수 있을 따름이다. 우리도 여기서 피할 수 없는 메타포 진술, 그 어떤 대가를 치르고서라도 피하려 할 때조차 피할 수 없는 메타포 진술은 보다 더 편안하고 아름다운 길이다. 죽은 이는 평안을 누리거나 잠을 잔다. "무덤 안에서 평안하실 거예요" 하고 폴가*의 소설에 등장하는 사람은 말했다. 그 사람은 이제 막 사망한 이의 가족이다. 그러자 어떤 참견하기 좋아하는 남자가 거칠게 묻는다. "그걸 어떻게 아쇼?" 죽은 이가 평안할 거라고 다짐하며 자신과 다른 가족을 위로하던 사람은 사실 망자의 평안 여부를 전혀 알지 못한다. 죽은 이, 그러나 도대체 죽은 이라는 게 무슨 말인가? 공허한 말이라 할지라도 '없음'이라고 하는 게 더 정확한 표현이다. 빠르게 썩어질 시체는 '죽은 이'가 아니기 때문이다. 그럼에도 일반적인 언어 표현대로 말해서, 죽은 이는 평안하지도 불편하지도 않다. 그는 평안히 쉬지 않으며, 잠자지 않는다. 평안 뒤에는 불편함이, 잠 뒤에는 깨어남이 와야만 하지 않는가. 없음은 그저 없음이다. 동어반복이기는 하지만 여기서 할 수 있는 유일한 말은 이것뿐이다. 아니, 이마저도 말하지 말아야 한다.

죽은 이는 그의 죽음으로 자신이 쓰는 언어의 경계뿐만이

• Alfred Polgar(1873~1955). 오스트리아 출신의 작가. 이른바 '빈 현대문학'을 대표하는 인물로 창작 외에도 비평과 번역을 했다.

아니라, 그의 죽음을 말하고자 하는 우리 언어의 경계도 정한다. "편안히 쉬시기를"Requiescat in pace이라는 말은 참으로 아름다우며, 한스 카스토르프에게는 "만세를 누리소서!"라는 빈말보다 훨씬 더 호감이 가는 표현이기는 했다.[●] 그러나 이 아름다운 말마저도 하나의 요란뻑적지근한 소음에 지나지 않는다. 또 비유적으로도 공허한 말이다. 살아남은 사람들이 그렇게 빌어준다고 해서 누구도 편안함 속에서 쉬고 싶어 하지 않기 때문이다. 죽음은 에스파냐풍의 주름 잡힌 옷깃으로 꾸미지 않으며, 콕토의 《오르페》에 등장하는 마리아 카자레스라는 이름의 음울한 분위기를 자랑하는 미녀도 아니다.[●] 죽음은 그저 텅 빈 알 수 없음이다. 죽음으로 무얼 어떻게 시작하든 그것은 실패로 끝날 수밖에 없는 잘못이다. "논리적 언어로 표현될 수 없다." 루돌프 카르납[▲]이 하이데거의 '무'無를 다룬 문장을 의미론적으로 분석하고 한 말이다. 그가 옳다. 비유를 쓰는 말은 그저 객기어린 농담에 지나지 않는다. 죽은 사람이 고단한 인생 끝에 마침내 얻은 영원한 평화, 모든 인생이 그렇듯 고단하고 힘들었던 삶을 마감하고 얻은 평온을 이야기하는 것 역시 마찬가지다. 죽음의 평안을 이야기하는 것은 다름이 아니라 삶의 불안함을 떨쳐버렸다는 뜻이다. 그러나 그 이상을 넘어가는 죽음의 메타포는 거두어들이기 바란다. 정확한 표현은 어떤 이가 죽었으므로 그는 이제 없다는, 무無가 되었다는 말이다. 그러나 아무런 내용이 없는 이 말조차 거두어들이는 게 마땅하다. 다만, 예외는 있다.

메타포를 즐기는 살아남은 이가 망자의 평안을 바라는 확신으로 영원한 삶을 믿는다면 이야기는 달라진다. 여기서 이 글을 쓰는 사람은 신화를 매개로 몇몇 의미를 얻는 믿음, 곧 죽음 이후에도 삶은 지속된다는 믿음의 부조리함을 들먹이려는 것은 아니다. 다만 끝까지 간결하고도 절박하게 말한 장 로스탕▪에 충실하고자 한다. "나는 우리가 쓰러진다면 다시는 일어서지 못할 거라고 믿는다. 무대 위에서 살해당한 배우처럼 다시 일어서는 일은 결코 없으리라."

죽음의 경계를 넘어선 피안에서 계속 살아가리라는 생래적이고 신비적인 믿음에 사로잡힌 사람은 애초부터 실패할 수밖에 없는 시도, 곧 죽음을 생각하려는 시도를 중단할 수 없다. 프로이트가 "무의식에서 우리는 저마다 자신이 불멸의 생명을 자랑한다는 확신에 사로잡혀 있다"고 한 말은 틀림없이 맞다. 그러나 이런 확신의 바탕은 흔히 생각하듯 '생물 특유'의 생명 집착이 아니라, 오히려 자신의 죽음을 생각할 수 없음일 따름이다. 또 다른 한편으로 이 확신은 신을 믿는다고 자처하는 사람이 자신은 영생할 것이라고 믿는 것만큼이나 허약하고 가냘프다. 아버지 티보는 경건한 남자였으며, 수많은 가톨릭 단체를 이끈 발기인이자 명예회장이었다. 그러나 죽음을 실감하는 심각한 상황을 맞자, 그에게 신과 이 신 안에서 누릴 불멸의 영

● 한스 카스토르프는 토마스 만의 소설 『마의 산』에 나오는 주인공이다. 'Requiescat in pace'는 라틴어로 레퀴엠 1악장의 마지막을 알리는 말이다. 묘비명으로도 쓰인다.

◆ 《오르페》Orphée는 장 콕토Jean Cocteau(1889~1963)가 오르페우스 전설을 소재로 자신이 대본을 쓰고 감독해 1949년에 발표한 영화다. 마리아 카자레스Maria Casarès(1922~1996)는 에스파냐 출신으로 프랑스에서 활동한 여배우다.

▲ Rudolf Carnap(1891~1970). 독일 출신으로 미국에서 활동한 철학자. 이른바 기호논리학을 개척한 것으로 평가받는다.

■ Jean Rostand(1894~1977). 프랑스의 생물학자이자 철학자이며 작가. 과학의 대중화에 힘썼다.

생은 돌연 무가치해지고 말았다. 그는 이제 마지막임을 알았다. "다른 사람들에게 죽음은 그저 막연하고도 익숙한 생각이었다. 그러나 아버지 티보에게 죽음은 이제 지극한 현재이자 현실이다. 죽음은 바로 그 자신이다." 그래서 아버지 티보는 고해 신부를 오게 했다. 신부는 자신의 직분에 충실하게 아버지 티보를 설득하려 들었다. 그러나 신부는 예전의 티보를 찾아볼 수 없었다. "한동안 익숙한 절차를 따르듯 그의 생각은 신이라는 이념을 환기하는 쪽으로 길을 찾았다. 그러나 신으로의 도약은 이내 마비되었다. 영생, 신의 은총, 참으로 알 수 없는 말이다. 경악스러운 현실을 전혀 담아내지 못하는 공허한 철자일 뿐이다." 자신이 죽을 거라고 믿는 사람은 아무도 없다. 프로이트가 옳았다. 누구도 자신의 임종이 임박한 순간에 저승에 희망을 걸지 않았다. 『티보 가의 사람들』의 작가 마르탱 뒤 가르는 옳았다.

누구나 언젠가는 생각할 수 없는 것에 대한 생각을 자신의 일로 받아들여야만 한다. 물론 공허한 탐구, 공허함의 탐구가 시작되어야 할 시점이 언제인지는 확실치 않다. 좀 애매하기는 하지만 그럼에도 우리가 인생을 살아가며 죽음의 상념을 품기 시작하는 지점, 그래서 아 이제 늙는구나 하고 말하는 지점은 있다. 죽음은 자신과 전혀 상관없는 일이라고 여기는 젊은이일지라도 가까운 가족을 묻어야만 했던 경험은 가지리라. 물론 우리는 늙는구나 하는 지점을, 젊다고 자신하는 시기를 점찍듯 정할 수는 없다. 어쨌거나 젊은이는 기쁜 마음은 아닐지라도 죽음을 그리 두려워하지 않으며 전쟁터로 나간다. 고속도로를 무시무시한 속도로 달리면서도 두려워하지 않는다. 심한 병에 걸려도 '곧 털고 일어나겠지' 하며 별로 걱정하지 않는다. 이런 것은 저항 능력을 확신하는 '몸의 지혜'일까? 그거야 생물학이 답할 문제이다. 젊은이가 노인보다 더 오래 산다고 자신하는 것은 굳이 통계를 내지 않아도 글로벌하게 확인할 수 있는 현상일까? 청컨대 심리학이 답을 주기 바란다. 우리가 늙어가며 깨달았다고 믿는 것은 두 가지다. 우선, 죽음의 두려움 혹은 죽음 상념의 절박함은 죽음이 밖으로부터, 이를테면 사고나 적의 손으로 일어나느냐, 아니면 안으로부터 빚어지느냐에 따라 서로 다른 강도를 보인다는 게 그 하나다. 다른 한편 이 안으로부터의 죽음일지라도 젊은이에게는, 비록 그가 심한 고통을 받고 있다 할지라도, 현실적이라는 느낌을 별로 주지 않는다는 게 또 하나의 깨달음이다. 죽음이 자신과는 상관없는 객관적인 사실에서 바로 자신의 일로 여겨지기에 이르려면, 몸의 몰락이라는 더욱 진행되는 경험, 이를테면 힘이 예전만 못하다거나 깜빡거리는 기억력, 어떤 종류의 질환 따위의 경험이 필요하다. 그러니까 죽어감이라는 완만하게 진행되는 과정에 있다거나, 조금씩 부단하게 죽어간다거나, 우리 안에서 죽음이 자라난다는 따위의 비유와 유추는 논리적으로 말이 되지 않는 소리이다. 그런 죽음의 메타포는 삶의 영역 안에만 머무르는, 그러니까 죽음과는 아무 상관이 없는 경험에 지나지 않는다.

늙어가는 인간은 갈수록 회한에 사로잡히는 자신을 발견하며, 그가 실제로 세상과 작별하기 오래전부터 자신이 죽어가고 있다고 느낀다. 그래도 수술로 생명을 연장하는 소외된 삶을

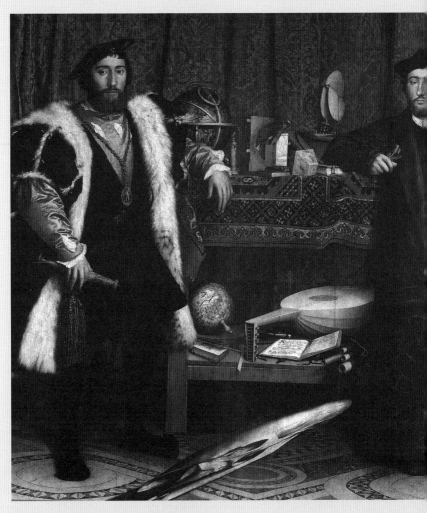

"모든 것을 체념하게 하는 죽어감의 상념 저편에
드디어 죽음이 구체적인 모습을 드러낸다."

한스 홀바인, 〈대사들〉, 1533년, 내셔널 갤러리, 런던.

원하지는 않는다. 몸의 상실, 사회로부터 소원해짐, 문화적 감각의 손실은 예전에 그가 그저 이론적 진리로만 무심하게 여겨왔던 사실을 확신하게 만든다. 나는 죽어가고 있구나! 광기 어린 장광설의 유혹이 손짓을 한다. 나는 죽으리라, 죽는 것은 나이리라, 내가 죽으리라, 죽으리라. 이제 그에게 남은 것은 그 어떤 가능성도 지워버리는 죽음일 뿐이다. 이 파괴적인 부정을 바라보며 광기의 시구를 읊조리는 것 외에는 달리 어쩔 수 없음을 깨달으며, 거듭 다시금 힘차고 발랄하게 죽어감이라는 저 불쾌한 상념에 사로잡힌다.

그 어떤 것도 거두어들일 수 없다. '죽는다'는 동사는 논리적으로 과거형으로만 쓰일 수 있다. 이미 과거가 되어버린 일을 어찌 되돌릴 수 있으랴. 그럼에도 죽음의 모순, 우리의 인생 전체를 뒤덮는 죽음이라는 먹구름의 모순은 모든 논리, 항상 인생 논리일 뿐인 모든 긍정적 사고를 무력하게 만드는 탓에 과거마저 부정된다. 모든 것을 체념하게 하는 죽어감의 상념 저편에 드디어 죽음이 구체적인 모습을 드러낸다. 그럼 당사자는 아마도 이렇게 말하리라. 죽음 자체를 생각할 수는 없으니, 죽음의 언저리를 돌아가며 더듬어봐야 하겠구나. 이런 돌아봄을 거듭 시도하면서 그는 반원만 그리는 자신의 행보를 발견할 뿐이다. 나는 죽는구나, 늙어가는 이는 자신에게 다짐한다. 언제? 어디서? 어떻게? 무엇보다도 중요한 물음은 '어떻게?'다.

죽음보다 죽어간다는 게 두렵다

A는 벌써 몇 년 전부터 자신도 차례가 되었음을 깨달았다. 귀를 의심하게 만들 정도로 많은 햇수를 자랑하는 연령의 생일, 온갖 종류의 불편함은 더는 그에게 귀여운 반려동물이나 씩씩한 이웃처럼 하루를 살아내게 허락하지 않았다. 그는 죽음과 친숙해진 것처럼 보였다. 죽음의 산장 요양원 원장 호프라트 베렌스처럼 타인의 죽음을 다루는 게 아니라, 바로 자기 자신의 죽음과 가까워진 친숙함이다.

A는 오랫동안 자신의 죽음을 매 시간, 매일 기다려야만 하는 요양원과는 전혀 다른 환경에서 살아야만 했다. 그는 자신과 같은 처지의 사람들이 생각할 수 있는 모든 방식으로 사라지는 것을 지켜보았다. 동료들은 말 그대로 뒈져나갔다. 달리 말할 수가 없다. 티푸스, 이질, 굶주림, 몽둥이질, 심지어 '치클론 B'*를 마셔야만 했다.

그는 쌓인 시체들을 아무 생각 없이 밟고 넘어가 지하로 연결된 통로를 걸어 내려갔다. 지하실의 시체는 대개 큼직한 쇠갈고리에 걸려 있었다. 당시 나는 어땠던가, 하고 A는 자문했다. 그리고 스스로 답했다. '나는 두렵지 않았다.' 다른 사람들이 이 답을 불신하리라는 것을 잘 아는 A였다. 용감했던 것은 아니다. 나를 충격과 경악에 빠뜨렸던 것이 너무나 많았기 때문이다. 나는 젊었다. 그리고 나를 위협하는 죽음은 바깥에서 왔다. 이 세상에 적에게 맞아 죽는 것보다 더 아름다운 죽음이 또 있을까. 죽음은 몽둥이로 맞거나 가스에 중독되는 게 아니

• Zyklon B. 독일에서 만들어진 시안화계 화합물로 원래 살충제로 쓰다가, 아우슈비츠 같은 강제수용소에서 유대인 학살에 사용한 독극물이다.

너라노 바깥에서 밀고 늘어왔다. 이질과 골수염은 적대적인 세상의 공격이었다. 충격적이기는 했지만, 내부에서 쇠락하는 나에게 친숙한 적으로 자라나는 죽음이 불러일으키는 두려움과 비할 바는 아니었다.

지금 내가 맞닥뜨리고 있는 것은 천천히 죽어감이다. 지금 나는 나이를 먹어가면서 의사의 친절한 진단은 아닐지라도 몇 가지 증표로 이미 내리막길에 들어섰음을 깨달았다. 살인으로 맞는 죽음, 내 경우 당시 이런 상황이라면 차라리 스스로 목숨을 끊는 게 더 낫겠다는 충동마저 불러일으켰던 살인 행위는 나라는 인격을 겨눈 세계의 공격이었다. 그들은 쇠파이프로 강타하고 총을 쏘았다. 끈질긴 신열이 나를 쓰러뜨렸다. 다시 일어섰을 때, 그렇다, 정확히 기억난다, 나는 세계를 향한 믿음을 잃어버린 인간이었다. 극한의 곤경에서 그 어떤 도움도 기대할 수 없었다. 그렇게 죽어간다는 것은 테러였다.

이제 죽음은 극한의 공포를 닮은 고통이자 동통이다. 글자 그대로 군홧발이 나를 짓밟거나 걷어차도 누구도 나의 일그러진 몸에 도움은커녕 눈길 한번 주지 않았음을 현재 일처럼 눈앞에 떠올려야만 한다. 그 같은 끔찍함은 불가사의한 집요함과 더없이 낯선 기이함을 자랑한다. 그러나 나는 무방비로 당할 뿐이다. 그럼에도 방어의 싹이라도 키워야 하는 게 아닐까 하는 비합리적인 기분에 사로잡힌다. 오늘? 나는 무엇 하나 소홀히 하지 않는다. 사소한 변화에도 의사를 찾아간다. 친절한 의사는 기구와 진단서를 가지고 나에게 봉사한다. 당시 나는 영하 20도의 허허벌판을 하루 종일 질질 끌려 다녔다. 눈이 쌓인 벌판

"두려움은 나와 함께 있다.
무감각한, 나를 결코 떨게
만들지는 않지만 무어라
말할 수 없을 정도로 끈질긴
느낌인 '두려움'."

도나텔로, 〈막달라 마리아〉, 1453~1455년, 두오모 미술관, 피렌체.

을 몇 킬로미터나 걸었는지 모른다. 그러다가 채찍으로 내려치는 것만 같은 총성을 들었다. 동료가 쓰러졌다. 낯선 충격으로 나는 잠깐 움찔했다. 그러나 두려움에 손상당하지는 않았다.

피곤해서 길을 걷기 어려울 때면 택시를 탄다. 모든 게 상당히 편안하다. 몇 장의 지폐만 내놓는다면 이 좋은 서비스는 얼마든지 맛볼 수 있다. 그러나 두려움은 나와 함께 있다. 무감각한, 나를 결코 떨게 만들지는 않지만 무어라 말할 수 없을 정도로 끈질긴 느낌인 '두려움'. 그것은 쉽게 놓아주지 않는 질긴 손길로 내 인격의 일부가 되었다. 그래서 나는 "두려움을 가졌다"라고 말할 수가 없다. 오히려 "나 자신이 두려움이다"라고 말할 따름이다. 두려움으로 살아가는 이 존재는 내 일을 하지 못하게 방해하지는 않는다. 다른 사람들은 나의 일부가 된 두려움을 전혀 모른다. 내가 과시적으로 드러내는 좋은 기분만 볼 따름이다. 다른 늙어가는 사람들의 사정도 이와 같은 게 아닐까 하는 짙은 의혹은 누르기 어렵다. 물론 즐거운 소풍을 간다, 연극 구경을 한다, 유행에 맞는 옷을 맞춘다고 법석은 떨지만, 그들 역시 두려움과 더불어 살아가리라.

그렇게 용감하지도, 그렇다고 특별히 겁이 많은 것도 아니었던 나로 말하자면, 당시 오랜 죽음의 행진을 하면서 삶의 희망이 나를 저버렸던 그만큼 죽음의 두려움이 되었다. 그래서 택시를 타고 가는 지금, 내 안에서 두려움은 조근조근 당시를 일깨운다. 내 실존이 가지는 존재적 밀도는 묽어져, 순수한 부정으로서의 죽음 공포로 공허한 공간을 채운다. 결국 내가 죽어가 맞을 게 천천히 다가오며 내 인생에 특별한, 매우 추하고 이전에 내가 전혀 알지 못하던 색깔을 칠해준다. 무얼 어떻게 해야 좋을지, 내가 옮기는 발걸음으로, 뜀박질로, 질주로 어디로 나아갈지 더는 정확히 알지 못한다. 너무 빠르게 찾아드는 피곤, 가쁜 숨결, 집요한 아픔은 내가 기억하지 않아도, 되돌아보는 순간 현실이 된다. 숱한 부당함이 얽히고설키어 굳어져 나를 구성하는 요소, 곧 늙어감과 죽음의 예상이 되었다. 고통, 동통, 공포, 속박, 압박. 1944년의 눈 덮인 벌판과 깔끔한 살해-죽음을 자주 생각한다. 그 죽음은 나를 전혀 알려고 하지 않았다. 그보다 더 아름다운 죽음은 없었는데. 실제로 그런 기회는 누구나 갖는 게 아니다.

죽지 못해 살아온 것을 변명할 알리바이를 대보라고? 그런 알리바이를 요구하다니, 생각만으로도 받아들이기 어렵다! 죽어가는 게 두려운 나머지, 이미 들어선 죽음을 바라다니 이 무슨 어리석음인가! 그러나 돌이켜보는 모든 생각을 지워버리는 것은 죽음이라는 모순이 품는 어리석음일 뿐이다. 피할 수 없는 것, 어찌 생각해볼 도리가 없는 것과 친숙해질 시간을 갖지 못했다고 해서 죽어가는 게 더 쉬워질까? 거부할 수 없이 들어서는, 도무지 어떤 말로도 파악이 되지 않는 사건을 멈출 수 없이 진행되는 노화 과정에서……. 여기에는 대체 어떤 동사를 써야 좋을까? '예감하다'는 아니다. 우리의 문제는 전혀 알 수 없는 미지의 것, 곧 죽음이기 때문이다. 그럼 결국 모든 것을 '두려워하다'라는 말로 집약시켜야 할까? 나는 죽음이 아니라 죽어가는 게 두려웠다. 늙어가면서 적대감으로 함께 씨름하면서 갈수록 친밀해지는 죽어감이 무서웠다. 기만적인 친밀함으로 익숙해지는 '죽어간다'가 견딜 수 없었다.

　　나는 죽음을 알지 못한다. 그 어떤 살아 있는 사람이 죽음을 알까? 결국 끌어다댈 수 있는 것은 살아서 겪은 경험일 뿐이다. 두려움이나 '무섭다'는 말 그 이상의 것을 이야기해야만 할까? 지금 나에게 요구되는 이 '그 이상'이 도피일 수밖에 없다는 사실을 잘 알면서도? 내가 두려웠던 것은 속박이었다고 믿는다. 죽어간다는 것을 내 인생의 속박과 동일시하는 게 허락될 수 없는 것은 아니다. 몸은 같은 뜻으로 옥죄어진다고 말한다. 목숨을 거둔다는 것은 마지막 숨을 쉰다는 말이 아닌가. 나의 고결한 측면이 말하는 '숨을 거두다'를 나는 질식으로 이해한다. 아마도 의학은 이 개념이 임상적으로 부정확하다며 거부하리라. 그러나 이제 끊어지는 호흡을 나는 다른 누구 못지않게 잘 안다. 나는 그 어떤 사람과 마찬가지로 호흡곤란을 가지리라. 문득 분명하게 깨닫는 점은 자유의 갈망이란 시원하게 숨을 쉴 호흡 자유의 간절한 요구라는 사실이다. 그러나 죽어가면서 내가 그토록 원하는 산소는 나에게 허락되지 않으리라. 거부된 호흡의 자유로 나의 모든 자유는 박탈당한다. 어떻게든 숨을 쉬려 안간힘을 쓸 게 틀림없다. 그것은 두려움으로 비롯된 천박함이다. 아무래도 나는 이 두려움을 갈수록 더 정확히 알게 되리라.

죽음과의 타협

죽음과 죽어간다는 것을 둘러싼 많은 사실을 알고 있다고 믿는 A에게, 살아서 확인하는 죽음의 모습이란 늙어가며 알게 된 천천히 시들어감이다. 그는 이 쇠락의 원인을 다시금 속박과 질식에서 찾았다. 호흡곤란은 옥죄는 속박에서 벗어나기를 갈망하지만 언제나 무위에 그치는 사람에게 일어난다. 그래서 생각을 할 때마다 손바닥 뒤집듯 모순에 사로잡힌다. 모순, 그 어떤 생각도 접근하지 못하게 막는 죽음의 모순이 호흡을 곤란하게 만드는 주범이다. 턱턱 막히는 숨은 고통을 당하는 사람에게 언제나 오로지 깊게 들이마시는 호흡을 요구할 뿐, 죽음을 통한 기만적 구원을 바라는 게 아니다. 이런 것을 알고자 꼭 의사와 환자이어야만 하는 것은 아니다. 그런 구원은 없다. 고통으로 괴로워하는 사람은 언제나 이 고통으로부터 구원받아 아픔에서 자유로운 인생, 이 속박을 떨쳐버린 나의 만족을 원할 뿐, 이 나로부터 해방되는 것, 곧 죽음을 바라지 않는다. 종양이 골수까지 전이되어 인간이 아픔을 가지는 게 아니라, 심신을 통틀어 아픔 그 자체인 경우에야 비로소 부정의 요구, 나를 아무것도 아니게 만들어달라는 요구가 생겨날 수 있다. 그러나 망가질 대로 망가진 몸에 가해지는 이 극단적인 고문에서조차 고통받는 사람은 의사에게 종말을 맞을 주사를 놓아 이 불행에 종지부를 찍어달라고 요구하면서도 정작 임종이 가까워오면 숨을 쉴 수 있게 해달라고 애원한다.

그러니까 모든 논리적 모순을 무릅쓰고 구체적인 호흡곤

란에 빗내어보면, 죽어가며 느끼는 누려움은 결국 죽음의 두려움인 것처럼 보인다. 다시 말해서 우리는 죽어가며 힘차고 발랄한 마지막을 생각하는 게 아니라, 언제나 죽음의 생각과 맞닥뜨린다. 어찌 생각해야 좋을지 몰라 막막하기만 한 죽음이지만 피할 수가 없는 생각이다. 한편으로 죽어간다는 것은 죽음으로써 비로소 죽어감이 되기 때문이다. 그러나 다른 한편으로, A나 다른 누구의 호흡곤란 경험이 보여주듯, 고통받는 사람은 지금의 숨결을 마지막 '구원'의 숨결로 절대 원하지 않는다. 따라서 죽어가며 품는 두려움 혹은 질식의 두려움은 죽음 앞에선 전율이 된다. 고대의 지혜가 우리와는 전혀 상관이 없다고 가르쳤던 죽음 앞에서 우리는 공포에 몸을 떤다. 이제 알 수 없는 것의 궁구에 쉽사리 한걸음 더 다가섰다. 아마도 너무 쉬운 나머지 분별없어 보이는 대답에 의문부호를 달아주는 게 더 나으리라. 죽어가며 품는 두려움뿐만 아니라, 모든 두려움의 뿌리가 죽음의 두려움에 있는 게 아닐까 하는 결론을 내릴 수는 없을까?

A의 골똘한 생각에서 틀린 것으로 지워질 것은 없다. 한쪽에는 테러를, 다른 쪽에는 공포와 동통을 각각 구분해보자는 A의 지적은 옳았다. 또 바깥에서 낯선 것으로 강제되는 죽음과 안으로부터의 보다 위중한, 메타포를 빌려 이야기하자면, 최악의 친밀함으로 우리 안에서 자라나는 죽음을 구별해볼 필요도 분명 있다. 그러나 숨을 거두는 순간 테러와 공포는 죽음의 두려움으로 다시 하나가 된다는 것 역시 확실하다. 모든 두려움을 질식 혹은 죽음의 공포로 되돌려도 좋은가 하는 물음에는 적

확한 답을 줄 수가 없다. 의사를 찾아간 우리는 지금 감내하는 고통이 무해한 것이라는 진단을 받으면 안심을 한다. 격심한, 너무도 아픈 류머티즘의 고통은 그러나 죽을병은 아니라는 것을 환자가 아는 탓에, 처음에는 고통이 없으나 치명적인 순환계 질병 혹은 심혈관 질병보다 훨씬 더 잘 이겨낸다.

비교를 허락하지 않을 정도로 풍부한 사색을 담은 책 『행복과 불행』에서 독일인 의사이자 현상학자인 저자 헤르베르트 플뤼게는 이른바 '역동적'인 45세의 사업가 이야기를 우리에게 들려준다. 이 남자는 자신이 왼쪽 어깨에 류머티즘을 앓고 있다고 믿고 아주 당당한 태도로 이런 사소한 병 때문에 의사 선생에게 수고를 끼쳐 미안하다고 사과했다. 그러나 진단 결과 그는 류머티즘을 앓는 게 아니라, 어느 모로 보나 협심증 증세를 보이는 게 분명했다. 의사가 환자에게 진단 결과를 알려주자 기묘한 변화가 일어났다. 몸 상태가 예전보다 더 나쁠 게 없는 남자는 돌연 그 당당함과 역동성을 잃고 말았다. "14일 뒤 다시 찾아온 환자는 폭삭 늙어 있었다." 헤르베르트 플뤼게의 증언이다. "완전히 자신감을 잃었으며, 생기 넘치던 옛 모습은 찾아볼 수 없었다. 이제 그는 절제하는 생활을 하며, 담배를 끊었고, 자가용 기사를 두었다. 늘 심장에 '신경을 썼으며', 더 할 수 없이 우울해했다." 덧붙이자면 그는 두려움, 죽어감의 무서움, 죽음의 공포, 마지막이 될 모를 숨 쉬기의 걱정에 사로잡혔다. "막연한 두려움, 궁극적인 두려움을 결국 죽음이라 부른다." L'angoisse diffuse, l'angoisse ultime, enfin, s'appelle la mort. 블라디미르 얀켈레비치가 쓴 글이다. 모든 두려움은 죽음의 두려움이며, 모든 신중한 돌봄은 우리를 죽음으로부터 지키려는 노력이고, '건강을 위해 하는 일'은 죽음을 막아보려는 시도다. 우리의 인생 전체는 피할 수 없는 것을 피해보려는 어처구니없는 헛수고로 소진된다.

'죽어갈수록', 마지막 호흡에 더욱더 가까이 갈수록, 그만큼 더 우리는 불안에 사로잡혀 그것을 모면하는 게 우리의 이성적 임무인 어떤 것을 상대로 무망한 싸움을 벌인다. 이성적? 우리는 이성이 끝장을 맞는 영역에 들어섰다. 죽음의 영역인 이곳에서 이성은 오로지 절대적인 반反이성이다. 모면하다니, 오히려 죽음을 받아들이는 몸부림에 지나지 않는다. 이는 다시금 이 자리에서 삶을 거부해야 함을 뜻한다. 그러나 죽음을 받아들이는 일도, 삶을 거부하는 일도 가능하지 않다. 모든 거부는 그 어떤, 비록 비참하기 짝이 없을지라도, 대안을 우리에게 보증해주어야 한다. 그 총체적인 낯섦과 알 수 없음에서 죽음은 그러나 대안이 아니다. 죽음은 우리가 생각할 수 없는 것이라는 점에서 허위이며, 우리에게 유일하게 완전히 확실한 것이라는 점에서 진리다. 우리가 대립하며 우리에게 선고된 부정의 불투명함 앞에서 우리는, 우리 자신이 부정되기도 전에 무너진다.

어떻게 해야 좋을까? 저 편집광적인 전위시를 중얼거려야 할까? 포괄적인 부정과 평화 협약이라도 맺어야 할까? 죽음을 피해 죽음으로 도피할까? 마치 죽음과 약혼하지 않은 것처럼 무작정 앞만 보고 살아야 할까?

이 물음의 답은 개인의 개성과 심리에 따라 매우 다양하게 나올 게 틀림없다. 노년에 이르기까지 '아무 걱정 없이 사는 사람'도 있지 않던가. 그런 사람은 균형 감각을 잃지 않으며, 죽어감과 죽음이 자신과는 아무 상관이 없는 것처럼 행세한다. 적어도 그 자신은 그렇게 다짐한다. 다른 사람은 죽음에서 죽음으로 허겁지겁 뛰어다니며, 맙소사 자신의 부자유를 되돌릴 수 없이 확증하는 행동, 곧 자살이 자신의 자유를 확인하는 일이라는 망상에 사로잡힌다. 주변에서는 이런 사람을 두고 심신이 망가져버렸다며 혀를 찬다. 아마도 니체는 정신착란을 일으키지 않았더라면 자살을 감행했으리라. 그가 쓴 글에 이런 대목이 있기 때문이다. "단지 경멸받아 마땅한 조건 아래서 고른 죽음만이 부자유한 죽음이며, 때가 아닌데 선택한 죽음은 비겁자의 죽음이다. 인생을 사랑하는 마음에서 고른 죽음은 다를 수 있다. 자유롭고, 충분히 의식했으며, 외부로부터 그 어떤 습격도 받지 않았다." 자유죽음에 열광하는 광인의 이야기다.•

침착하게 죽음을 정면으로 응시하며(마치 실제로 어떤 것을 두 눈으로 보기라도 하는 것처럼) 올곧은 자세로 굴지성, 그러니까 땅 쪽으로 잡아당기는 노화의 중력에 저항하며 죽어가는 용감한 사람의 이야기를 듣는다. 명랑한 기분으로 종말을 맞이하는 쾌활한 사람의 이야기도 있다. 반면, 종말의 첫 전조를 맞이하기 무섭게 공포에 사로잡혀 끊임없이 비명을 질러대는 나머지, 사랑하는 사람조차 짜증을 견딜 수 없어 등을 돌려버리고 죽음의 순간 안도의 한숨을 쉬는 경우도 있다. 여기서는 죽음이 불평을 일삼는 사람이 아니라, 사랑하는 상대방을 구원한다. 그러나 모든 개인적 특성을 넘어서서, 그러니까 심리의 영역을 벗어나서, 아마도 근본적으로 똑같은, 기본 운명의 평등

• 4판 서문에서 언급한 대목이다. 원래 "자유죽음이라는 바보 같은 이야기"라고 썼던 것을 이렇게 바꾸었다.

함으로 생겨나는 죽어감과 죽음을 대하는 태도도 있다. 용감한 자와 비겁한 자, 쾌활한 사람과 병적으로 우울한 이, 차분히 평정을 유지하는 사람과 신경질을 일삼는 노이로제 환자는 온전한 평등함으로 어깨를 나란히 한다.

이들 모두는 늙어가면서 죽음과 일종의 타협을 맺는다. 평화 협정이 아니라, 타협. 추하게 들릴 수도 있겠지만 어딘가 수상한 타협이다. 이 타협이 죽어가는 과정을 배운다는 의미는 아니다. 죽어가는 과정을 친숙한 마음으로 배울 수는 없는 노릇이다. 여기서 친숙함이란 배울 수 없다는 사실의 깨달음이며, '예감'을 두려움으로 되돌리는 것이자, 속박이라는 용납하기 힘든 감정인 동시에 마지막 호흡을 앞둔 절대적인 공포다. 수상한 타협은 두려움과 믿음, 저항과 체념, 거부와 수용 사이의 균형 감각이다. 이 균형 감각은 아주 어렵사리 만들어지는 것으로, 경우에 따라 정도의 차이를 가지는 교란을 받기는 하지만, 극심한 노이로제를 앓는 우울증 환자에게도 완전히 결여되는 일은 결코 없다. 죽어간다는 게 일반의 객관적인 사실에서 바로 자신의 문제가 되는 늙어가는 사람은 통계와 의학 진단으로 그 면모를 드러내기 시작하는 고결한 순간, 마침내 자신의 끝을 받아들여야만 하는 순간을 매일 비합리적이 되어가면서 자신도 믿지 못하는 신뢰로 어떻게든 중화시키려 애를 쓴다. 발작 이후, 심한 병을 앓고 난 다음, 위험한 수술을 성공적으로 이겨낸 뒤, 이렇게 얻어지는 모든 유예는 늙어 죽어가는 사람이 법정에 보내는 호소와도 같다. 제발 자신의 무죄를 인정하고 자유로이 풀어달라는 호소다. 그러나 안타깝지만 환상일

뿌이다. 여기서 유예되는 것이라고는 없으며, 법관은 공소의
파기를 전혀 생각하지 않기 때문이다. 그러나 늙어가는 사람은
자신이 걸터앉은 게 환영이라는 것을 알면서도 호소를 멈추지
않는다. 핀란드에서는 저녁에 이런 기도를 올린다고 한다. "주
여, 당신이 부르시면 저는 기꺼이 따르겠나이다. 다만 그게 오
늘 밤이 아니기를 빕니다." 자신이 죽음에 가까이 왔음을 아는
노인은 기도문을 외는 사람과 마찬가지로 불안정한 균형의 줄
타기를 한다. 그는 기꺼이 죽음을 맞겠다고 말한다.(사실은 죽
고 싶지 않지만, 달리 어쩔 수 없다는 것을 알기 때문에 죽음을 맞을
각오가 되어 있다고 말할 뿐이다.) 그러나 그게 오늘 밤은 아니다.
하물며 지금 이 시간은 절대 안 된다. 모든 밤은 오늘 밤이며,
매 시간은 지금 이 시간이다. 그때마다 법정에 보내는 호소는
강렬해진다.

죽음과 더불어 산다고 하는 것은 자신의 유한함을 깨닫는
것을 뜻하지 않는다. 또 무無의 무의미함에 익숙해진다는 것을
의미하지도 않는다. 그저 공허하고 잘못된 기대, 자기기만을
되풀이하는 연습에 익숙해질 뿐이다. 죽음을 맞이하는 인간은
자신이 이내 존재하지 않을 것이라는 사실을 알면서도 이를 한
사코 부정하며 자기기만의 희생자가 된다. 결국 언젠가는, 그
것도 아주 빠른 시간에 판결이 법적 효력을 얻어 집행되리라는
것을 알면서도 이를 인정하지 않으려 하기 때문이다.

늙어가는 사람은 매 순간마다 그 정황이 요구하는 시간 감
각에 자신을 맞출 줄 아는 놀라운 능력으로 균형 감각을 빚어
내고 안도의 한숨을 쉰다. 그는, 우리가 다른 곳에서 이미 말했

듯, 기억함으로써 너욱너 많은 시간이 된다. 세세와 공산은 그에게서 갈수록 멀어지기 때문이다. 미래를 향해 나아가는 시간이라는 말은 허락될 수 없다. 죽음은 달라질 모든 변화의 부정이며, 이로써 미래라는 개념의 의미는 폐기된다. 미래를 기대하는 자세는 포기된다. 우리는 늙어가는 사람에게 무의미해진 미래라는 차원을 다시 도입할 필요를 전혀 느끼지 않는다. 미래의 자리에는 어떤 다른 것, 새로운 것을 집어넣어야만 한다. 미래, 우리에게 다가올 것은 살아가는 현실에서의 공간이라고 우리는 말했다. 그러니까 늙어가는 사람은 공간과 더불어 미래를 잃어버린다. 늙어가는 사람이 미래와 맞바꾸는 것은 시간을 무관심하게 바라보는 불분명한, 말할 수 없이 소홀한 감정이다. 이 무관심은 두려움을 지워버리는 게 아니라, 오히려 그 반대로 그럭저럭 견딜 수 있게 만들어준다.

늙어가는 사람은 과거를 끝없이 변화하는 계절과 인생 단계로 되돌아본다. 기억으로 떠올리는 인생 단계들은 그 소중함의 정도가 끊임없이 바뀐다. 그러나 언제나 과거의 특정 시기는 극히 짧았던 것처럼 보이는 반면, 흐릿해져 알아보기조차 힘든 미래의 시간은 그게 과거의 그것과 같은 길이를 가짐에도 아예 포기되고 만다. 이제는 앞으로 살 수 있는 시간이 고작 몇 년으로 가늠되는 탓에 늙어가는 사람은 하느님에게 매달려 이 몇 년이라는 시간을 무한히 늘려달라 빌고픈 간절한 심정을 억누를 수가 없다. 4년 전 그는 어떤 도시를 찾아 휴가를 즐겼다. 그게 어제 일만 같다. 1년 뒤에는 더는 이 세상에 존재하지 않으리라. 4년 전이 어제 같은 마당에 1년이라니! 오, 주여, 이 1년을 영원으로 늘려주소서! 이처럼 존재적으로 밀도를 잃어버린 늘려진 시간은 저 착각의 호소처럼 균형 감각과 적응의 과정에 속한다. 희망? 이 개념으로 우리는 신학에 몰두하며, 그 어떤 초월적 사고에 매달린다. 가브리엘 마르셀*이 표현했듯, "희망"은 "우리의 영혼을 만드는" 재료로 산주된다. 그러나 그런 순진한 생각은 피하기로 하자. 수상한 타협을 맺은, 늙어가는 사람은 두려움의 피조물이다. 이 피조물은 두려움 안에서 두려움에 맞서려고 일어서야만 한다.

부정의 피조물, 변증법적으로 묘사할 수 있는 그 어떤 긍정성도 가지지 않는 부정의 피조물을 죽어가는 인간은 양심의 가책을 느끼면서도 한사코 아니라며 피하려 한다. 그러나 부정은 거듭 그를 사로잡으며 놓아주지 않는다. 요독증 공격으로 아픔에 신음하는 아버지 티보는 아들의 손으로 주사를 맞았다. "그는 긴장이 풀리며 일종의 평온을 느꼈다." 아버지 티보를 창조해낸 로제 마르탱 뒤 가르는 이렇게 썼다. "평온함은 그 어떤 피로감도 수반하지 않기에 기분이 좋았다. 자신의 죽음을 생각하기를 멈춘 적이 없던 그는 그러나 지금, 주사의 효과로 죽음의 생각을 멈추었다. 그러자 죽음을 말하는 게 가능해졌다. 심지어 편안한 마음으로." 모든 늙어가는 사람은, 비록 그가 자신이 아직 건강하고 활달하다고 느낄지라도, 아버지 티보다. 그는 아직 죽음이 직접적 위협을 가하지 않았을 때조차, 자신의 죽음을 객관적인 사건으로 받아들였다. 그의 말을 들어보자. "물론 나는 죽는다. 그러나 아직은 시간이 있겠지. 그게 잠깐일지라도 끝이 보이지 않아 상상조차 할 수 없을 만큼 오랜 시간일 거야." 그는 그 어떤 희망도 품지 않고 허리를 곧추세우고 일어서 죽음을 맞았다. 그리고 아무것도 아니며 그 어떤 것일 수도 없는 죽음을 마지막으로 남은 자신의 고유한 것으로 받아들였다. "잠깐만 시간을 주세요, 형리 나리." 단두대에 선 바리 백작부인은 속삭였다.◆ 잠깐 시간을 달라는 말은 저 핀란드 기도와 같은 뜻을 가진다. 똑같은 비극적 착각의 표현이다. 유예가 공소 파기를 뜻하지 않으며, 다음 순간으로 미뤄진 마지막이라고 해서 되돌릴 수 없음이 덜해지는 것은 아니다. 인간이 희망하는 유예 기간은 한 순간에서 다음 순간으로 넘어가는 극히 짧은 시간이든, 1년이나 10년이든, 똑같은 볼썽사나운 무한함을 가질 따름이다.

늙어가는 사람은 자신이 처한 상황을 벗어날 수 없음을 잘 알면서도 자신과 거짓말 타협을 하며 살아간다. 벌써 몇 차례나 그런 기회가 있었지만 처음으로 '아, 이제 늙는구나!' 느꼈을 때부터 이 거짓말 타협은 시작되었다. 그러니까 그는 멸시를 받아 마땅한 거짓말쟁이는 아니다. 못된 사기꾼처럼 처음부터 악의를 품고 한 거짓말이 아니다. 다만 벗어날 수 없음을 인정하기 싫었을 뿐이다. 그래서 끊임없이 벗어날 수 있을 거라고 자신을 다독여왔다. 진리는 아니지만, 그게 편했다. 솔직하지 못한 타협이기는 했지만, 자신이 처한 근본 상태의 부조리함에 압박감을 느낀 나머지 어쩔 수 없어 심리적으로 적응했다. 거짓, 아니 더 낫게는 그를 뒤덮은 죽음, 거짓을 조장하는 죽음

- Gabriel Marcel(1889~1973). 프랑스의 철학자이자 극작가이며 비평가. 키르케고르의 계보를 잇는 유신론적 실존주의를 대표한다.
- ◆ Comtesse du Barry(1743~1793). 정식 이름은 잔 앙투아네트 베퀴Jeanne Antoinette Bécu. 프랑스 왕 루이 15세의 정부로 혁명 때 단두대에서 처형당했다. 뒤 바리Du Barry 백작과 결혼한 이력으로 바리 백작부인이라 불렸다.

이 기승을 부리면 부릴수록 그의 삶은 거짓에 물들었다. 그를 부정하는 '노우'No가 가까이 오면 올수록, 그만큼 더 그의 '예스'Yes는 비틀려 왜곡되었다. 그를 사로잡은 속박이 심해질수록, 동통이 견딜 수 없게 아플수록, 그는 무망한 노릇인 줄 잘 알면서도 거짓말로 경계를 무너뜨리고 빗어닐 수 있기를 길망했다. 순간을 향해 그는 외쳤다. 멈추어라! 그러나 순간은 아름답지도 않았고, 그 순간에 매달릴 수 없음도 잘 아는 그였다.•

그는 다양한 역할을 연기했다. 용감한 주인공을, 차분하게 자신을 죽음에 맡기는 사람을, 공포에 사로잡힌 노이로제 환자를, 자부심에 넘치는 반항아를! 그러나 그 어떤 역할도 그럴싸하게 해석해내지 못했다. 텍스트마다 연기될 수 없는 모순만 가득했다. 그는 죽어감과 죽음을 따로 떼어 생각했다가 다시 결합해보며, 밖으로부터 불쑥 주어지는 타인의 살해-죽음을 안에서 천천히 자라나는 친숙한 적과 구분했다. 두려움과 기만적인 위로일 뿐인 유예를 곰곰이 따져보았다. 모든 게 헛수고였다. 죽음의 모순은 그가 무엇을 생각해내든 부정하면서 더 생각해보라고 강요했다. 살아서 겪는 근심은 죽음을 바라보는 두려움이 흐릿하게 거울에 비친 모습과 다르지 않았다. 살며 겪어온 근심은 죽음이라는 근심에 비하면 아무것도 아니었다. 인생의 근심은 죽음이라는 근심의 희미한 그림자였다. 어떤 이는 자신이 앓는 독감을, 살면서 진 빚을, 부정한 여편네를 생각하리라. 그렇지만 독감을 나을 수 있다면, 빚을 갚는다면, 부정한 여편네를 정숙한 아내로 바꿀 수만 있다면, 그는 죽음은 생각하지 않으리라. 그러나 모든 것을 끝내며, 어떤 것도 시작할 수

• "멈추어라, 너 참 아름답구나!"Verweile doch! Du bist so schön! 이 문장은 괴테의 『파우스트』에 나온다. 아메리는 본문에서 이 문장을 패러디하고 있다.

없게 만드는 죽음은? A는 목까지, 입싸시 죽음의 상념에 잠겼다. 이러다 익사하는 것은 아닐까 두려울 정도로. 죽음의 상념에 문학적 헌사를 바치지는 않으리라. 그의 결정을 존중해주자. 그는 A, 곧 늙어가는 인간이 아닌가. 그에게 명예와 헌사 따위는 중요하지 않다.

위로가 아닌 진실을

"젊어서 죽고 싶지 않은 사람은 늙을 수밖에 달리 도리가 없다."
이 말은 무의미함과 명확한 의미와 심오한 의미가 함께 녹아든
상투적 문구 가운데 하나다. 누구도 젊어서 죽고 싶지 않으며,
아무도 늙으려 하지 않는다. 참으로 하나마나한 진부한 말이다.
그러나 여기에 우리가 어쩔 수 없이 받아들인 허망함, 그 깊이
를 알 수 없는 헛헛함, 자기 자신을 갉아먹어 들어가는 우리 존
재의 심오한 차원이 곁들여지면서 더할 수 없이 선명한 진리로
울림을 남긴다.

　나이를 먹는다는 것, 이는 곧 우리 존재의 부정인 동시에
'존재하지 않음'으로 향해 나아간다는 뜻이다. 명백한 진리인
탓에 그 어떤 이성적 위로도 발가벗겨지고 마는 황량한 삶의
지대가 '늙음'이다. 그 무엇도 계획하지 말아야 한다. 늙어가며
우리는 세계가 사라지고 오로지 시간만 남은, 내면만 덩그러
니 끌어안은 의미가 된다. 나이를 먹으며 우리는 우리 몸이 낯
설어짐과 동시에 그 둔중한 덩어리가 그 어느 때보다도 더 가

깝게 느껴진다. 인생의 정점을 넘겨버린 우리에게 사회는 스스로 그 어떤 일도 계획하지 못하게 몰아세운다. 문화는 도대체 그게 뭔지 도무지 이해할 수 없는 문화, 곧 부담스러운 문화로 탈바꿈한다. 오히려 문화는 우리가 정신의 낡은 고물로 시대의 쓰레기장에 버려져야 마땅하다고 윽박지른다.

나이를 먹어가며 우리는 결국 죽어감과 더불어 살아야만 한다. 그야말로 괴이하고 감당하기 힘든 부조리한 요구다. 어쩔 수 없이 감내해야만 하는 굴욕이랄까. 겸허하게 받아들이는 게 아니다. 우리는 그저 겸손을 강요받은 굴종으로 늙어 죽어가는 자신을 바라볼 뿐이다. 치유가 불가능한 병의 모든 증상은 우리가 세상에 태어나면서 감염된 죽음이라는 이름의 바이러스가 벌이는 알 수 없는 작용 탓으로 빚어진다. 젊었던 시절, 바이러스는 독성을 발휘하지 않았다. 그런 바이러스가 있다는 것은 알았지만, 나와는 전혀 상관없는 것처럼 보였다. 이제 나이를 먹어가며 죽음이라는 이름의 바이러스는 잠복해 있던 은신처에서 빠져나온다.

죽음은 아무것도 아니라 할지라도, 죽고 나면 모든 게 무無일지라도, 우리가 감당해야 하는 일, 오로지 우리만의 문제일 따름이다. 차라리 병적인 흥분에 사로잡혀 무슨 소리인지도 모르고 떠들어대는 구슬픈 기도랄까. 죽음을 노래하는 시처럼 꾸며진 장광설일까. 황혼 노을에 붉게 물든 목가적 풍경 같은 저속하기 짝이 없는 통속에도 가슴은 후벼파인 것처럼 쓰라리기만 하다. "하루가 저물어가면, 노년이 불타올라야 한다." 딜런 토머스*는 노래했다.

A는 균형을 깨뜨리며, 타협을 폭로하고, 통속화를 짓밟으며, 싸구려 위로를 깨끗이 쓸어버리는 그 어떤 일을 해냈을까? 그는 그랬기를 희망한다. 남은 날들은 쪼그라들며 메말라 비틀어지리라. 그럼에도 그는 진리만큼은 간절히 말하고 싶었다.

● Dylan Thomas(1914~1953). 웨일스 출신의 시인.

존엄으로 빛나는 삶을 원한다면

한스 차임 마이어Hans Chaim Mayer는 한창 젊음을 구가해야 할 스물여섯 살이라는 나이에 조국을 등졌다. 그때까지 살아온 삶의 터전을 일고의 미련도 없이 박차고 나왔다. 유대인 혈통을 타고났다는 단 하나의 이유로 갖은 굴욕과 모욕을 안긴 세상과 권력에 맞서 싸우기로 결심했다. 마이어라는 이름마저 버린 청년은 오스트리아를 떠나 독일어가 아닌 프랑스어를 쓰는 벨기에로 갔다. 레지스탕스에 가담한 마이어는 온몸이 부서져라 나치스에 저항해 싸웠다. 세상은 타일렀다. 무모한 싸움이라고, 참고 살면 될 걸 왜 맞서느냐고, 우리도 다 그렇게 살고 있다고 달래려 들었다. 그러나 청년은 치욕의 삶보다는 당당한 죽음을 택하겠노라며 굽히지 않았다. 결국 세상은 그를 밀고했다. 나치스에 체포된 청년은 프랑스 남부의 수용소에 갇혔다. 그러나 남자는 포기하지 않았다. 탈출했다. 다시 벨기에로 숨어들어 더욱 처절하게 저항했다. 2년여 동안 지하투쟁을 하다가 다시 붙들렸다. 모진 고문으로 뼈가 으스러지는 아픔을 감내해야 했다. 이후 아우슈비츠, 부헨발트, 베르겐벨젠의 나치스 수용소를 전전해야만 했다. 다시 2년이라는 세월이 흐르고, 1945년 독일의 패망으로 청년은 가까스로 삶으로 돌아올 수 있었다.

이후 브뤼셀에 정착한 남자는 스위스에서 독일어로 발행하는 신문들에 기사를 써주는 문화부 기자로 일했다. 자신의 글과 작품이 독일에서 출간되는 것은 한사코 거부했다. 그러던 어느 날 독일의 젊은 작가 헬무트 하이센뷔텔Helmut Heißenbüttel이 그를 찾아왔다. 젊은 작가는 그 앞에 무릎을 꿇고 눈물로 용서를 구했다. 남자는 작가의 손을 잡았다. 그리고 말했다. 인간은 오로지 자기 자신만이 책임을 질 수 있는 존재라고! 나는 내 소중한 인생을 위해 싸운 것이라고! 두 남자는 이렇게 해서 둘도 없는 친구가 되었다. 방송국에서 일하던 헬무트는 기회가 닿을 때마다 남자의 이름을 알리며, 그의 작품을 적극적으로 독일에 소개했다. 덕분에 최악의 가난만큼은 면한 남자는 글쓰기에 전념하며 군더더기 하나 없는 정갈한 인생을 살았다.

1978년 남자는 예순여섯 살이라는 나이로 고향 잘츠부르크로 돌아갔다. 어느 한적한 호텔에 방을 잡은 그는 준비해온 수면제를 먹고 스스로 목숨을 거두었다.

이상은 한스 차임 마이어라는 이름으로 태어난 남자가 장 아메리라는 이름으로 숨을 거두기까지의 짤막한 일대기이다. 우선, 주인이 버린 이름을 굳이 밝히는 실례를 너그러이 용서해줄 것을 그의 앞에 엎드려 빌고 싶은 심정이다. 나는 이처럼 순수하면서도 치열하게 살다간 영혼을 따로 알지 못한다. 그의 정신의 궤적을 이해하기 위해서는 이름을 바꿔야 할 정도로 고통스러웠던 내면의 배경을 살피는 게 꼭 필요하다고 여겼다.

먼저 독자의 양해를 구하고자 한다. 위의 글은 2010년 초 국내에 번역 출간된 장 아메리의 책 『자유죽음』 옮긴이 후기에 썼던 내용을 재구성해본 것이다. 어느덧 4년이라는 시간이 흘러 다시금 아메리의 글과 재회할 수 있었던 것은 옮긴이에게 더할 수 없는 축복이었다. 그래서 아메리의 삶을 복기해보는 일이 반드시 필요하다고 느꼈다. 자신의 개인적인 경험조차 보편의 차원으로 승화시킬 뿐, 절대 사적인 감정 토로를 하지 않는 그의 글을 이해하기 위해 꼭 필요한 배경지식이라고 보았기 때문이다.

『자유죽음』에 대한 독자들의 서평을 보고 참으로 많은 생각을 했다. 아메리가 사유를 펼쳐가는 과정을 생경하게 여기며, 오히려 자신의 체험을 진솔하게 밝혀주었다면 더 좋았을 것이라는 반응은 아무래도 그의 진의를 내가 올바로 전해주지 못해서 비롯된 오해가 아닐까 싶어 괴로웠다. 몇 가지 경로를 통해 장 아메리라는 이름을 들어본 독자들은 그에게 몸소 겪은 시대의 증언을 듣고 싶었던 모양이다. 이를테면 수용소에서 당한 모진 고문이 어떠했는지와 같은……. 그러나 아메리는 아주 드물게 암시만 줄 뿐, 『자유죽음』에서 직접 그 문제를 거론하지 않는다. (이에 대한 내용은 사실 『죄와 속죄의 저편』에서 본격적으로 다루어지지만, 이 책은 『자유죽음』이 출간되고 나서 2년 후에야 국내에 번역 소개되었다.) 왜 그랬을까? 나는 이 물음이야말로 아메리의 글을 올바로 이해할 중요한 실마리라고 생각한다. 그가 벌이는, 얼핏 미로와도 같은 정신의 싸움은 되도록 개인적 차원을 절제하고 보편성을 확보해내려는 안간힘의 결과물이기 때문이다.

아버지는 아들의 손을 잡고 일요일에 공동묘지를 찾았다. 그리고 아들에게 물었다. 저 사람들이 언제 죽었는지 아느냐고.

의아한 표정을 짓는 아들에게 아버지는 말했다. "모두 오늘 죽었어!" 그렇다. 이 말은 진리다. 사람은 누구나 '오늘' 죽는다! 이 '오늘'이 살아 있는 우리에게는 과거의 어느 시점에 지나지 않을 수 있다. 그러나 정작 죽음을 맞이한 당사자는 저마다 '오늘' 안타까운 최후를 맞았다.

그 안타까움이 어떤 속살을 가졌는지 일일이 헤아리기란 불가능한 일이며, 또 꼭 알아야만 하는 것도 아니다. 아메리도 같은 생각이었으리라. 자신의 개인적인 비화를 밝혀가며 그 자글자글함에 보태기보다는 인간 일반이 맞이할 수밖에 없는 숙명의 공통분모를 살피고픈 치열한 지적 욕구를 불태운 것이다.

그래서 아메리는 당대 지성인들이 남겨놓은 성과물과 집요한 대결을 펼쳐나간다. 『자유죽음』을 통해 알 수 있었던 지적 성실함은 이 책에서도 고스란히 확인할 수 있다. 인간이 늙어가며 피할 수 없이 마주해야만 하는 과정이 당대의 문학, 철학, 과학을 두루 거치며 명료한 생각이 허락하는 바로 그대로 성실하게 그려진다.

인간은 결국 죽는다. 죽음을 피할 수 있는 사람은 아무도 없다. 우리는 어디서 와서, 어디로 가는 것일까? 이게 바로 철학과 문학과 도덕이 품는 핵심 물음이다. 생명을 허락해준 신을, 죽음 이후를 생각하며 의미를 구하는 일은 바로 현세에서 우리 인생을 이끌어주는 등불이기 때문이다. 내일 자신이 죽는다고 아는 사람의 오늘은 달라질 수밖에 없다. 죽음 앞에서 겸허하게 옷깃을 여미며 자신의 존엄을 최대한 끌어올리려 노력할 게 분명하다.

"철학은 개념이 현실과 맞아떨어지는 것을 진리라 부른다. 이를테면 몸은 현실이고 영혼은 개념이다. 영혼과 몸은 서로 맞아떨어지는 조화를 이뤄야 한다. 이렇게 볼 때 죽은 시체는 현실이기는 하지만, 참된 현실은 아니다. 시체는 개념이 없는 현실, 즉 무無개념의 현실일 뿐이다. 죽은 몸이 썩을 수밖에 없는 이유다." 헤겔이 한 말이다. 우리의 몸은 어차피 썩어 문드러진다. 품위 있는 인생, 곧 존엄으로 빛나는 삶을 원한다면, 정신을 갈고 닦을 노릇이다. 장 아메리의 『늙어감에 대하여』는 이를 위한 가장 좋은 기회를 제공해준다.

2014년 10월 1일
김희상

찾아보기